汉语言文学教学优化策略探析

王晓明　潘　艳　姚　兰◎著

吉林文史出版社

图书在版编目（CIP）数据

汉语言文学教学优化策略探析 / 王晓明，潘艳，姚
兰著. -- 长春 ：吉林文史出版社，2024.1
　　ISBN 978-7-5752-0030-1

　　Ⅰ．①汉… Ⅱ．①王… ②潘… ③姚… Ⅲ．①汉语－
语言学－教学研究 Ⅳ．①H19

中国国家版本馆CIP数据核字(2024)第016820号

HANYUYAN WENXUE JIAOXUE YOUHUA CELUE TANXI

书　　名　汉语言文学教学优化策略探析
著　　者　王晓明　潘　艳　姚　兰
责任编辑　陈　昊
出版发行　吉林文史出版社有限责任公司
地　　址　长春市福祉大路 5788号
印　　刷　北京四海锦诚印刷技术有限公司
开　　本　787mm×1092mm 1/16
印　　张　11.75
字　　数　224千字
版次印次　2024年1月第1版　　2024年1月第1次印刷
定　　价　52.00 元
书　　号　ISBN 978-7-5752-0030-1

前　言

近年来，汉语言文学教学在我国及全球范围内的重要性与日俱增，越来越多的人选择学习汉语，并且汉语教学已成为许多国家的主流教学项目之一。因此，优化汉语言文学教学策略显得尤为重要。优化汉语言文学教学不仅需要教师不断创新教学方法和教学内容，还需要教师具备扎实的专业知识和教育理念，并注重培养学生的综合素质。与此同时，学校和教育部门也应加大对汉语言文学教学的支持和投入，以推动汉语言文学教学的进一步优化。

鉴于此，本书以"汉语言文学教学优化策略探析"为题，首先阐述汉语言文学教学理论，内容涵盖汉语言的由来、汉语言文学与人文素质、汉语言文学教学的内涵、汉语言文学教学的发展；其次分析汉语言文学知识的教学、汉语言文学教学标准；最后研究汉语言文学阅读与写作教学、汉语言文学教学的测量评价、汉语言文学教学策略的优化实践。

全书层次鲜明、结构清晰，注重理论性、科学性、实用性，力图真正实现以学习能力、创新能力、实践能力等综合素质的培养为目标，旨在提高教学效果、激发学生学习兴趣、培养学生的语言表达能力，为教师提供更好的教育资源和培训机会，进一步优化汉语言文学教学策略，对从事汉语言文学教学的教育工作者具有参考意义。

在写作本书的过程中，笔者得到了许多专家学者的尽心指导与鼎力支持，在此表示真挚的谢意。汉语言文学教学是一项复杂而庞大的任务，由于本书篇幅有限，时间仓促以及笔者的自身局限性，尽管主观上尽了最大努力，但书中所涉及的内容难免有疏漏之处，希望各位读者提出宝贵意见，以便笔者进一步修改，从而使本书日臻完善。

目　录

第一章 汉语言文学教学理论

第一节 汉语言的由来

汉语是世界上使用人数最多的语言之一，它的历史源远流长，深深扎根于中国的文化和民族特性。汉语的由来涉及语言发展、历史演变、文化传承等多个方面，它是中华民族智慧和创造力的结晶。

汉语的起源可以追溯到古代的华夏族群。根据传说，在华夏族的部落中，有一位聪明的领袖名为黄帝。黄帝是一个智慧和勇敢的统治者，他领导族人战胜了外敌的入侵，并发展了一种独特的文字系统，这个文字系统被称为"六律"，它以竖直和水平的划线来表示不同的物体和概念。尽管这个系统已经失传，但它被认为是汉字的起源之一。另一个重要的起源是甲骨文。甲骨文是中国古代商朝时期的一种文字系统，它最早出现在公元前14世纪左右。当时，人们使用龟甲和兽骨等动物残骸来进行卜筮，同时在这些残骸上刻写文字记录相关信息，这些刻在龟甲和兽骨上的文字就是甲骨文，这些文字形状独特，多为符号和象形文字，能够反映当时社会的生活和文化。

随着时间的推移，汉字逐渐演变成为更加简化和规范的形式。最早的汉字书写形式被称为篆书，它的字形复杂，是一种钟鼎文和甲骨文的合成形式。随后出现了隶书，隶书是秦朝时期统治者为了管理国家而推广的一种规范字体，它的字形相对简化，书写速度更快，成为中国官方文字的标准形式。

汉语的发展也与中国历史上的政治和文化变化密不可分。在魏晋南北朝时期，由于社会动荡和地理分割的影响，中国出现了南北语言差异。南方方言主要受到吴、越、楚等地方文化的影响，发展出一些独特的语音和词汇。而北方方言则受到中原文化的主导，逐渐形成了后来的官话。汉语的演变还受到了其他语言的影响。随着历史上的征战和文化交流，外来词汇和语言习惯逐渐渗入汉语中，这些外来语言包括梵文、阿拉伯文、葡萄牙文、英语等，丰富了汉语的词汇和表达方式。

20世纪初，随着科学技术和信息交流的发展，汉语经历了一场现代化的革命。新的文字和表达方式被引入汉语中，如拼音文字系统的推广和汉字简化方案的实施，使得汉语更加简明、便捷和易于学习。

汉语作为一种重要的国际语言，不仅是中国人民的共同语言，也是许多海外华人的母语。不仅在中国得到广泛应用，还在世界各地的华人社区中被使用。随着中国的快速崛起和对外交流的增加，汉语在国际舞台上的地位也越来越重要。汉语的传播和教学也发展迅速。许多国家在其教育体系中引入汉语教学，开设汉语课程和汉语培训班，以满足对汉语学习的需求。与此同时，中国也积极推广自己的文化和语言，通过孔子学院等机构在世界各地设立了汉语教学中心，为外国人提供学习汉语的机会和资源。

如今，汉语的学术研究也日益深入。语言学家们通过对汉语的语音、语法、词汇、语义等方面进行深入研究，不断拓展对汉语的理解和认识。他们发现，汉语具有丰富多样的表达方式和语言特点，其中包括词汇的意义丰富、词序的灵活变化、语音的音调区分等，这些研究不仅能够促进汉语语言学的发展，也能够为教学和翻译等实践应用提供理论依据和指导。此外，汉语的由来还与中国的传统文化密切相关。汉字是一种象形文字，每个字形都通过一种形象的符号与其所代表的事物或概念相联系，这种象形文字的特点使得汉字具有一定的艺术价值，并成为中国书法、篆刻等艺术形式中不可或缺的元素。同时，汉字的字义和字音与中国的文化传统和哲学思想有着紧密的联系，给汉语赋予了丰富的文化内涵。

总而言之，汉语作为一种古老而丰富的语言，其由来涉及语言发展、历史演变、文化传承等多个方面。从最初的黄帝六律到甲骨文，再到篆书和隶书的出现，汉字的演变逐渐规范化，并受到外来语言和文化的影响。汉语作为一种重要的国际语言，不仅在中国得到广泛应用，也在世界范围内受到重视和学习。"汉语言文学是中华文明凝聚的活化石，对汉语言文学的学习，是对中华民族传统文化弘扬和传承的一种方式，传统文化与汉语言文学相互渗透，归根溯源"①。对汉语的学术研究和教学也在不断深入，为汉语的发展和传承提供了理论和实践支持。汉语的由来不仅展现了中华民族的智慧和创造力，也承载着中国的历史和文化传统。

第二节　汉语言文学与人文素质

近年来，汉语言文学已成为各大院校中的重要专业，学生在汉语言文学教育中既能学

---

① 李广宽. 汉语言文学发展中传统文化的渗透 [J]. 山西财经大学学报，2022，44 (S2)：236.

到相关知识，又能够对我国民族文化有所了解，拓宽自身的视野，思想觉悟也能得到进一步的提高，学生能够树立正确的价值观，同时还能够有效地培养大学生的人文素质。

一、汉语言文学对学生人文素质的影响

第一，大学生综合素质得到提升。在时代快速发展的今天，更多的企业对大学生自身的综合素质能力有了更高的要求。现阶段，学生不能只把学习和掌握知识作为学习目的，还要将所学的知识应用到实践中，提升解决实际问题的能力，增强对工作认真负责的态度，这样就能使自身的竞争力变得更强。在汉语言文学教学中，学生既能够收获很多知识，又能提升人文素养。学生在学习时，发表一些相关的文章，使自身的语言技能以及文字功底都能有效提升，并且逻辑思维也能够更加严谨。另外，大学生在课外可参加一些汉语言文学类的活动，如学校组织的辩论赛、阅读赛等，这些都可以使学生的独立思考能力变得更强，视野也会得到拓展，同时自身的综合素质也相应地有所提高。

第二，培养良好的人文情怀。人的修养中人文情怀是不可缺少的一个内涵，人们生活品质的提高离不开良好的人文情怀，而人文情怀的培养离不开教育，更要不断地学习。"学生可以通过汉语言文学的教学读到很多优秀的文学作品，更能够从中体会到作者的写作感受，还能对作品的历史背景有所了解，通过对文化底蕴的深刻感受，不断地陶冶情操，人文情怀也在不知不觉中不断地提高"①。

只要学生具备良好的人文情怀，他们对生活以及未来都是带着热情、充满信心的，带着这种情怀不畏惧各种挑战。与此同时，正能量的爱充满在大学生的内心中，对他们生活中情感体验非常有帮助。因此，对于大学汉语言文学加大教育力度，对于学生陶冶情操以及情商的提高都会起到推动作用，而且还能增强学生的人际交往能力，进而缔造出和谐的人际关系。

二、汉语言文学教育中人文素质的培养

第一，有效筛选教学内容。对汉语言文学教育的教学目标要给予明确，还要对教学内容展开合理的筛选，进而达到人文素质培养的标准。教学内容的质量对启发学生的程度有着直接的影响，更科学合理的教学内容可有效地培养学生的人文素质。针对汉语言文学的教学内容，一定要理论与实践相结合，为学生创建优质的学习氛围，使学生的好奇心得到满足，达到学生学习的需求，让学生能够对汉语言文学充满热情，带着积极的态度去探索

---

① 刘珊珊. 汉语言文学与大学生人文素质教育的关系解析 [J]. 科技资讯，2019，17（31）：230.

知识，进而提高自身的人文素质。

第二，缔造良好的人文环境。在创造良好的人文环境的同时，汉语言文学课程在这种环境下也能创建出一个良好的教学氛围，这种氛围以及环境对培养大学生的人文素质非常有益。学生对于学习环境的敏感度较大，所以，在汉语言文学教育中，对于环境的塑造要加以关注，无论是课堂上还是课外教学，都要设置一个适合的教育环境。为了能够更好地展开人文素质教育，可以组织学生创办社团，学生就能够充分地参与到其中，对培养学生的人文素质更加有利，学生的综合素质就能够得到更有力的提高。

第三，培养学生健全的人格。现在的大学生在人格方面还有待于完善，而这是培养其具备人文素质的关键。教师在教学中不仅需要结合汉语言文学的知识，还要了解学生的兴趣，有针对性地设计一些能够调动学生兴趣的教学活动，进而使大学生的人格得到进一步的完善。还要对大学生之间的交流能力进行加强培养，在面对实际问题时，能够有效地解决，进而增强抗压能力，学生通过不断的教育，其人格就会更加健全。

总而言之，汉语言文学教学对学生的人文素质教育有着不可替代的作用，学生通过对汉语言文学的学习，其理论能力以及实践能力都能够有明显的提升，适应时代要求，优化教学内容，对汉语言文学与人文素质教育进行有机融合，各大院校都应给予高度的重视，以培养学生的自身素质，提高学生的就业竞争力。

第三节　汉语言文学教学的内涵

汉语言文学作为一门重要的人文学科，具有丰富的内涵和广泛的研究领域，旨在培养学生的汉语言文学素养和综合能力。汉语言文学教学旨在培养学生的汉语言文学素养和综合能力，通过学习和欣赏文学作品

，提高学生的文学鉴赏能力、文学批评能力和文学创作能力。汉语言文学教学具有重要的意义和价值，可以培养学生的人文素养、审美情趣和综合能力，拓宽学生的国际视野和文化背景。在教学中，要注重运用多元化的教学方法。"教师在选择教学资源和教学内容时需要结合互联网环境大背景，对传统的教学内容进行优化和丰富，让课堂更加生动有趣活泼"①。

---

① 马君. 互联网环境下的高校汉语言文学教学策略分析 [J]. 汉字文化, 2022, (11)：43.

一、汉语言文学教学的表达内容

（一）汉语言文学教学的汉字表达

方块汉字是世界上一种十分古老又特别的文字，是中华民族的伟大创造。在运用汉语进行表达时必须掌握好汉字。文字是人类社会发展到一定阶段的产物，而汉字起源于图画与契刻。在人类文字出现之前，人们普遍采用实物和图画以记事和传信。图画记事，是用线条来表示事物，记事的图画经过长期演变，可以形成图画文字，再经过长期使用，图画文字的形体、读音和意义比较稳定了，就产生了象形文字。汉字中的数字当来源于契刻。古代计数使用结绳和契刻两种方法。契刻有书写的特征，镌刻的线条可能发展为原始的数字，估计有部分汉字的数字起源于契刻。

记录语言是文字的共同性质，每一种语言都有一个由若干音素、音节组成的语音系统和由语素、词组成的词汇系统，都可以用符号去记录它。根据记录语言的途径及记录语言符号的性质，世界上的各种文字大致可以分为两类：表音文字和表意文字。一方面，表音文字通过为音位或音节制定的符号来记录语音，这些符号仅与声音联系，与语言的意义无关。一种语言里的音节与音素是有限的，因而表音文字用的字母也是不多的，掌握了这些字母以及拼写规则，就可以拼写和认读该种语言；另一方面，表意文字通过一定的象征性符号的组合，表示语素和词的意义，从而记录了语言的语素和词。在古代汉语中，单音节词占优势，在大多数情况下，一个汉字记录的是一个语素，也是一个词；在现代汉语中，双音节词占优势，在大多数情况下，一个汉字记录的是一个语素，但不一定是一个词。

1. 字形体演变

汉字有着悠久的历史，它在长期发展中其形体不断变化，从汉字的形体发展而言，主要包括以下方面：

（1）古文。

第一，甲骨文。甲骨文是刻写在龟甲兽骨上的，多用来记录占卜的内容。甲骨文是迄今为止已发现的最早的成熟的汉字体系。汉字的各种构成原则在甲骨文中已有充分的体现。甲骨文是用刀刻在龟甲或兽骨上的，所以，笔形是细瘦的线条，拐弯多是方笔，外形参差不齐，结体大小不一。又因为文字尚未统一，许多字可以正写、反写，笔画繁简不一，偏旁不固定，异体字较多。行文的程序不统一，有的从左至右写，有的从右至左写，有的在直写的款式中插入横写。

第二，金文。金文是铸或刻在商周青铜器上的古代文字，因为商周人把铜叫作金而得名；青铜器以钟和鼎最为常见，所以，金文又叫作"钟鼎文"；古代镂刻称为"铭"，所以，金文又称为"铭文"。金文的最早实例出现在商代中期，当时只是用来记铜器名、物主名、工匠名。一般只有两三个字，较长的也不超过50字。金文是从甲骨文发展来的，形体上和甲骨文很接近，形体不太固定，一字有多种写法，也有合体字。但金文中形声字的比例较甲骨文有明显的增加，合文也比甲骨文少得多。从字体而言，金文圆笔较多，线条自然，字形趋于工整，具有一定的书法美。

（2）今文。

第一，隶书。隶书是经过简化、草化篆书演变而来的一种汉字形体。隶书到汉代得到极广泛的应用，成为官方正式认可的文字。隶书变小篆的弧形回转的线条为平直的方折笔画，隶书以扁形的方块汉字代替了小篆长圆的方块字。隶书比小篆的笔画大量减少，彻底排除了图画的成分，变成单纯的书写符号。隶书删繁就简，变连为断，偏旁部首可以变通，书写速度加快，是汉字形体的一次大变革。

第二，楷书。楷书是从隶书发展演变而来的，兴于汉末，盛行于魏晋，完全成熟于唐代，一直沿用至今天，是通行时间最长的标准字体。楷书同汉隶的基本结构相同，主要区别是笔形不同。楷书形体方正稳定，笔画平直明确，成为书写自然的文字。楷书也充分体现了汉字的书法美。

第三，草书。甲骨文、金文、隶书、楷书都是在一定历史阶段正式运用的文字，而草书、行书等一直是辅助性的字体。草书是隶书的草写体，起源于西汉，称为"隶草"；东汉章帝时盛行，称为"章草"。东晋以后的变体称"今草"，它是从章草变化而来的，形体连绵，贯通一气，笔形是楷书化的草写，没有章草的波磔，笔画多省略，多连写，书写简易快速，但不易辨认。

第四，行书。行书产生于东汉末年，由楷书变化而来，盛行于晋。一般称接近楷书的行书为行楷，称接近草书的行书为行草。行书行楷不拘，各字独立，笔画连绵，成为魏晋以后日常运用的主要字体。行书毕竟有些草率，未能代替楷书成为正式的书写文字。

（3）现行汉字。

第一，现行汉字常用字体。现行汉字经常运用楷书和行书，国家正式发布的文件和一般的报刊、书籍都是用楷书，日常书写中一般都采用行书。在印章、对联、匾额以及文章的标题等特殊场合，有时也运用隶书、篆书、草书，还可以用金文、甲骨文。在书法艺术创作，各种形体都可以运用。

第二，印刷体。汉字的印刷体是指印刷上常用的楷书的各种变体，其特点是规整端正，笔画清晰，结构匀称。印刷体又可分不同的字体和字号：①宋体是最通用的印刷字体，笔画横细竖粗，形体方正严谨，又叫作老宋体、古宋体、灯笼体；②仿宋体的笔画不分粗细，形体方正秀丽，讲究顿笔，又叫作真宋体；③楷体的笔画不分粗细，形体端正，近于手写楷书；④黑体的笔画粗重，形体浓黑醒目，又叫作黑头字、方头字、方体字。印刷体按字体大小不同，分成不同的字号，常用的字号从大到小有初号、一号、二号、三号、四号、小四号（新四号）、五号、小五号（新五号）、六号、七号。

第三，手写体。手写体指用手执笔直接写成的汉字，一般用行书，有些也用楷书或草书的。手写体根据运用的工具不同，可以分为软笔字和硬笔字，软笔字使用传统的毛笔或其他类似毛笔的软笔；硬笔字使用钢笔圆珠笔、铅笔等。

2. 汉字的正确使用

（1）汉字的规范掌握。汉语言文学教师在使用汉字时，要统一汉字规范的字形，其中，要注意正确使用简体字，主要包括以下方面：

第一，坚持用规范的简体字、已经简化的字，除某些必须使用繁体字的情况外，不再使用繁体字。已经简化的字，要严格按规定的字形使用，不得任意改动。虽然简化字来自民间，但需要相对稳定，不能根据个人需要，任意滥造简体字。

第二，注意简化字与繁体字之间的对应关系。有的字虽然字形相同，但因原来就有两种读音和两种意义，需要注意分清：简化的是哪一种读音和意义上的字；未简化的是哪一种读音和意义上的字，不可相互混淆。

第三，注意偏旁类推简化的范围和掌握"识繁用简"的原则。写字要用规范的简体字，但不意味着繁体字毫无价值，古代典籍都是用繁体字记录下来的，要阅读和利用不认识繁体字是不行的。因此，要做到用简识繁，使用简体字，认识繁体字。

（2）有效纠正错别字。写错别字包括写错字和别字。错字指把某字笔画写错，写得不成字；别字，指把甲字写成了乙字。每一个汉字都是形、音、义的结合体，如果认真从字形、字音、字义方面多加练习，可以有效地纠正错别字现象。

第一，分辨字形。有的汉字笔画差别很小，必须仔细分辨，否则很容易写错。汉字中形声字占绝大多数，形旁与字义有关，用字时对形旁加以分辨，就能避免写错某些字。形声字的声旁是表音的，虽然有的已不能准确表音，但与该字的读音总有一点关系。分辨声旁也能有利于分辨字形。

第二，了解字义。汉字是一种表意文字，汉字发展到如今，仍然不少字的字形与字义有关。了解字义对纠正错别字有一定帮助。

第三，注意字音。读字读错音了，叫作读白字，也是错别字的一种，有时还会由于读错而影响到写错。汉字不是拼音文字，看字不能明白读音。汉字中形声字占有一定的比例，但由于文字的演变，声旁表音的情况非常复杂，如果机械地用声旁来读字，会出现一些读白字的情况。汉语言文学教师还要注意掌握多音字，了解其在不同场合中的不同读音，以免出错。

（二）汉语言文学教学的诗词表达

1. 诗词的分类

（1）诗的分类。

第一，古体诗。古体诗是依照古代的诗体来写的，不受近体诗的格律的束缚。古体诗是与近体诗相对而言的诗体，近体诗形成前，各种汉族诗歌体裁，也称古诗、古风，有"歌、行、吟"三种载体。

第二，近体诗。乐府产生于汉代，本来是配音乐的，所以称为"乐府"或"乐府诗"。乐府诗称为"曲""辞""歌""行"等。唐代后，文人模拟这种诗体而写成的古体诗，也叫作"乐府"，但是已经不再配音乐。由于隋唐时代逐渐形成了新音乐，后来又产生了配新音乐的歌词叫作"词"。词大概产生于盛唐。在乐府衰微之后，词产生之前的一个过渡时期，配新乐曲的歌辞
即采用近体诗，如王维的《渭城曲》、李白的《清平调》，都是近体诗的形式。

第三，五言和七言。五言就是 5 个字一句，七言就是 7 个字一句。五言古诗简称五古，七言古诗简称七古；五言律诗简称五律，七言律诗简称七律；五言绝句简称五绝，七言绝句简称七绝。

（2）词的分类。词最初称为"曲词"或"曲子词"，是配音乐的。就配音乐而言，词和乐府诗是同一类的文学体裁，也同样是来自民间文学。后来词也与乐府一样，逐渐跟音乐分离，成为诗的别体，所以有人把词称为"诗余"。文人的词深受律诗的影响，所以词中的律句特别多。词是长短句，但是全篇的字数一定，每句的平仄也是有一定的。

2. 诗词的格律

（1）诗词格律的平仄。平仄是诗词格律的一个术语。平声没有升降，音较长；仄声有升降（入声也可能是微升或微降的），音较短。如果让这两类声调在诗词中交错，就使声调多样化而不至于单调。平仄在诗词中的表现是：平仄在本句中是交替的，在对句中是对立的，这种平仄规则在律诗中表现得特别明显。例如，七律《长征》诗中的第五、六句"金沙水拍云崖暖，大渡桥横铁索寒"，其平仄是：平平仄仄平平仄，仄仄平平仄仄平。就本句而言，每两个字一个节奏，平起仄收，仄起平收，平仄交替；就对句而言，"金沙"

对"大渡",是平平对仄仄,"水拍"对"桥横",是仄仄对平平,"云崖"对"铁索",是平平对仄仄,"暖"对"寒",是仄对平,这就是对立。辨别四声是辨别平仄的基础,而入声问题又是辨别平仄的唯一障碍,这障碍要通过查字典或韵书才能消除。一般凡韵尾是-n 或-ng 的字,不会是入声字。

（2）诗词格律的对仗。诗词中的对偶,叫作对仗。古代的仪仗队是两两相对的,这是"对仗"的来历。对仗是指把同类的概念或对立的概念并列起来,对仗可以句中自对,又可以两句相对。一般对仗是指两句相对。上句叫作出句,下句叫作对句。

对仗的一般规则是名词对名词,动词对动词,形容词对形容词,副词对副词。对仗是一种修辞手段,它的作用是形成整齐的美。汉语言文学的特点特别适宜于对偶,因为汉语单音词较多,即使是复音词,其中词素也有相当的独立性,容易造成对偶。

对偶是修辞手段,律诗中的对仗还有它的规则,其规则主要包括:出句和对句的平仄是相对立的;出句的字和对句的字不能重复,至少是同一位置上不能重复。例如,"昔我往矣,杨柳依依;今我来思,雨雪霏霏",出句第二字和对句第二字都是"我"字,即同一位置上的重复。因此,《易经》和《诗经》的例子不合于律诗对仗的标准。

（三）汉语言文学教学的对联表达

对联历史悠久,流传广泛,雅俗共赏,是体制短小、文字精练的一种文学形式。在我国众多的名胜古迹之中,对联随处可见,这些对联都和与景点相关的历史传说、人情风物有密切的联系,与景点融为一体,往往成为景点的有机组成部分,也是景点的重要欣赏对象,给人知识,发人联想,助人游兴。

1. 对联的发展阶段

（1）对联的孕育时期。先秦至唐为对联的孕育时期。商、周、两汉以来诗文的对偶句和魏晋南北朝以来辞赋的骈俪句,为后代对联的形成在文字上做了原始积累。汉语词义、汉字字形的特点决定了使用汉语、书写汉字的人对于"对偶"的修辞手法情有独钟。唐五代以来律句的形成与属对句的独立倾向,已为对联的来临奠定了基础。盛唐以后形成的格律诗、律赋,以其属对严格、精密见长,各成为文学新品种的一支。属对之句还都是诗文的组成部分,但它们的独立性在渐渐加强。

（2）对联的出现时期。五代为对联的出现时期。对联出现的时间,当不早于晚唐、不晚于五代。晚唐的对偶句已开始从诗赋篇章中渐渐剥离,走向独立。但真正成为对联且挂在门边,还要略晚一些,即五代十国。最早出现对联的地方是后蜀,后蜀是对联的发祥地。

（3）对联的发展时期。宋元为对联的发展时期，北宋以后更把对联推广到宫廷之外。至元代，对联的发展稍有滞缓。

（4）对联的鼎盛时期。明清是对联的鼎盛时期，明代是对联发展的黄金季节。明朝的对联活动十分盛行，趣联、赠联、联语对答等非常活跃。文人、才子如祝允明、杨慎、徐渭、董其昌、陈继儒等都是非常有名的；学者、志士，如王守仁、顾宪成、左光斗、史可法等也都留下了优秀的对联。

对联的进一步普及，带来内容的进一步丰富，因而也逐渐有了审美的要求。一二寸宽五六寸长，作为文字载体的桃符板已显得不堪重任，于是，便于题联和表现书法艺术的载体如各种纸张、合适的木板或竹板等，就逐渐取代了桃符板。

清代是对联发展的巅峰阶段。君臣的倡导，促成对联作者和对联作品大量涌现。清朝的对联创作，无论在数量或质量上，都超过了明代。一般对联的写作，基本上承袭明代对联的艺术传统，而在表现技巧上更为成熟和灵活多样，尤其是在特殊对联的创作上有突破和发展。各种哲理联、格言联、讽刺联、劝世联，以及巧联、趣联大量涌现并得到广泛流传。此外，长联也在清代中叶出现，有的全联字数猛增到一百多乃至数百，最长的达1620言，扩展了对联的容量。对联的收集、整理工作也从清代开始。总而言之，清人保留下来的对联相当多，为后人欣赏与研究提供了丰富而可贵的资料。

2. 对联的分类

对联从内容分，可分叙事联、状景联、抒情联、晓理联、评论联等；从文字长短分，可分长联、短联；从写作方式分，可分自拟联、集句联等。从应用范围的角度进行分类，主要包含以下方面：

（1）春联。春联是我国最早出现的应用范围最广的对联，春节贴春联已成为我国人民的一种习俗。内容多表达人们除旧迎新的喜悦心情和继往开来的奋发精神。春联一般贴在门口，上有横批。有时春节还开展征联活动。

（2）堂联。堂联是一种装饰联，用于美化厅堂、居室，其内涵较广，往往寄托着作者的情怀、志趣和抱负。例如，林则徐自撰堂联：“海纳百川，有容乃大；壁立千仞，无欲则刚。”

（3）门联。门联也叫作门帖、门对，我国明代就有贴门联的习惯。门联与春联不同，不是节日临时性的，而是长久刊缀在门旁。门联主要反映门第特征、行业特征。

（4）喜联。喜联又叫作婚联，是婚嫁时专用的对联。内容多为喜庆祝愿等吉利话。可贴于大门或房门上，也可贴于箱柜等外面。

（5）寿联。寿联为年长者祝寿所用，一般是称颂寿者功德，祝颂寿者健康长寿。但也有人为自身写寿联以抒心怀。

（6）挽联。挽联是用来哀悼逝者的对联。内容大都是评价逝者的业绩，颂扬逝者的精神和情操，表达哀思。还有一种自挽联，是对自己一生的总结，或对亲人的嘱托。

（7）交际联。用于酬赠、对答的对联。人们之间交际可赠对联以示友谊、劝勉之意。人们互相交往时可以出句相对，这也形成一种交际联。

（8）名胜古迹联。悬挂、雕刻在风景优美的名胜地或历史名人、历史遗迹纪念地的对联，这一类对联与旅游关系密切，人们经常会在各地的旅游胜地看到。

3. 对联的格式

（1）对联的横额。名胜古迹、庙宇祠堂的楹联常配有横额，一般人家写春联也配有横额。横额也叫作横批，是一副对联不可分割的一部分。横额有统领协调上下联的作用，横额与对联相映生辉。横额要求非常精练，多为 4 个字，也有少于 4 个字或多于 4 个字的。以题名为联额，而相配的对联描写景物或解释联额的含义，这种现象在一些名胜古迹处时常可见。有的横额语句精粹，起到画龙点睛的作用。

（2）对联的领词。领词在对联中用得非常广泛，往往引出一串排比句与骈文句，使联语衔接自然，层次分明。领词有一个字的，也有两个字、三个字的。

（3）对联的断句。名胜古迹、庙宇祠堂上悬挂的对联都是没有标点符号的，要正确地诵读和理解，必须正确地断句。如何才能断好句，首先，要有一定的古汉语基础，熟悉古汉语语法与常用词的用法；其次，要掌握一些对联常识。就对联常识而言，其断句需要注意以下内容：

第一，掌握长联短句多、长句少的特点。难以断句的多是长联，而长联中一般多用短句，又以三言、四言、五言、六言、七言最常见，其中三言、四言、七言的排比句大量使用，铺陈描述，抒发感慨。对偶句式也为长联中所常用。

第二，利用反复词，根据反复词的位置来断句。

第三，注意对联中的领词。对联中一些领词后面往往带有一组排比句或对偶句，抓住领词，就能看清楚后面的句式。

第四，上下联互相参照断句。对联上下联语法结构与节奏相似，遇到某联不好断句时，可参照另一联相应的一句。例如，对联的上联是"安庐凤颍徽宁池太滁和广六泗八府五州良士于于来日下"，下联是"金石丝竹匏土革木宫商角徵羽五音六律新声袅袅入云中"，此对联断句需要对照看下联，如"金、石、丝、竹、匏、土、革、木"皆古代乐器；"宫、商、角、徵、羽"是古代的 5 个音阶，必须断开，因此，可断句如下：安、庐、凤、颍、徽、宁、池、太、滁、和、广、六、泗，八府五州，良士于于来日下；金、石、丝、竹、匏、土、革、木、宫、商、角、徵、羽，五音六律，新声袅袅入云中，这是北京原安徽会馆戏台对联，上联开始 13 个字是清代安徽省行政区划的名称，即八府五州：安庆府、庐州府、凤阳府、颍州府、徽州府、宁国府、池州府、太平府、滁州、和州、广安州、六州、泗州。

总而言之，对联（主要是长联）断句有一定难度，要好好运用古汉语知识，掌握对联特点，仔细推敲。一时决断不了，可多读几遍，慢慢了解对联的意义，自然就会断句了。

（4）对联的书写。对联由上下两联组成，合称一副对子。书写应竖写，不用标点符号，上联在右，从右至左写；下联在左，从左至右写，最后一行要空几格，形成"门"字形，称为"龙门写法"。横批旧时习惯也是自右至左，如今一般是从左至右。对联有时有题跋、落款，说明撰写的时间、作者意图与背景，可写在正文的前后。上款也可写在对联的开头，贺联、挽联往往上款在开头，下款在结尾。

4. 对联的出句与对句

（1）对联出句与对句的内容相关。对联可分为正对、反对和串对。正对，指出句与对句在意思上并列，从不同的角度表现主题，互相补充；反对，指出句与对句在内容上一正一反，相互映衬。如果对联上下联不围绕一个中心意思，就叫作"对开"，这是对联所忌讳的。但对联上下联如果意思完全相同，即所谓"合掌"，也是作对所忌讳的。

（2）对联出句与对句的字数相等。对联常见的上下各一句，字数五、六、七字，也可以四、三、二字。三句以上，而每句字数较多，可称长联。对联不论长短，出句与对句的字数一定是相等的，这是对联的起码要求。而且，对联的每一联内容、上下联之间，尤其是其中对应的地方，一般不用重复的字。但有时视内容需要可灵活变通。

（3）对联出句与对句的平仄相谐。平仄是声调的再分类。古代汉语声调分平上去入四声，第一声为平声，上去入三声为仄声。发展到现代汉语言文学，古代的平声分阴平与阳平，古代上声中浊音声母字归去声，古去声仍为去声，古入声流入阴、阳、上、去中，现代汉语言文学成为阴平、阳平、上声、去声四个声调，第一、第二声为平声，第三、第四声为仄声。现代汉语普通话没有入声，粤方言等保存入声，古汉语的一些入声字在现代汉语普通话中已变为平声字，这是分析对联时应该注意的。

（4）对联出句与对句的语法结构与词性相应。对联中需要上下联语法结构一致，互相对称，且要求对应词的词性一致，这是一般的要求。但在一些长联中，有时可以灵活，结构大体相同即可。

（四）汉语言文学教学的口语表达

交际是人与人之间相互联系的一种行为，是人们运用一定的方式和手段传递信息、交流思想感情、以求达到某种目的的一种社会活动。"口语教学是高校汉语言文学教学关键组成部分，是培养学生汉语言表达能力、逻辑思维能力以及语言素质的关键途径"①。

1. 口语表达的特征

（1）口语表达的有声性。口语表达，一般是面对面或同时同步进行的。因此，口语表达的最大特点是以有声语言来传情达意，口头语言的丰富性和生动性也都体现在这方面。汉语言文学教师将自己的意思用有意义的语音即言语，传达出来变成声波，振动听话人的耳膜，教师将声波通过中枢神经还原成具体内容，这是口头语言交际中最重要的过程。口头语言的有声性特点也正在于此。

有声语言，字有字音，句有句调，表达中能给有声语言创造出"声音的表情"是一种艺术技巧，主要包括：①语音要上口顺耳；②语气要丰富多变。声音要上口顺耳，悦耳动听，可以通过调整平仄，协调节奏、控制音色、音量等因素来实现，如平声（阴平、阳平）字悠长，传音较远；仄声字短促，传音不远。如果使平仄交错对立，抑扬相间，声音就会跌宕起伏，铿锵悦耳。

节奏是由速度、停顿、轻重音甚至平仄等多种因素构成的，要根据交际的具体要求来控制。在一般场合或情绪正常的情况下，通常用中速表达；在庄重场合或情绪比较冷静时，通常用慢速；而在情绪大起大落的情况下，语速就快一些。口语的停顿，比较灵活，为了调节呼吸，表示强调，可以与各种语音因素结合起来进行适当、妥帖的停顿。口语表达的音色要和谐，不要太尖利，也不要多用鼻音。太尖，使人神经紧张，使谈话气氛难以和谐；多用鼻音，则会给人以无精打采的感受，使人厌烦。另外，音量的大小，要根据内容、场合而定。大声疾呼、轻声细语都有特定的表达效果，如果使二者协调配合，就会收到理想的表达效果。

语气的丰富多变，可以通过调遣语调、停顿、语气词、轻重音等因素来实现。汉语言文学教师在表达时，语调要根据表达的内容与情态进行高低、升降的调节，从而传达出或夸赞、或埋怨、或惊奇、或惋惜、或欢快、或哀伤、或叹服的各种语气。表达语气的词有多种，像"啦、哪、了、呢、吧"和"却、可"等类，这些词都可以生动、准确地传情达意。此外，还可以用轻读重读表达各种语气。

（2）口语表达的灵活多变性。以声音为媒介的口语，一般情况下应有交际双方同时参加，大多数情况下交际是同时同步的，表达者可以直接控制交际环境，听自己的话语，观察交际对方的各种反应及各种突变，在表达中随机应变，灵活调整，从而达到或调节交际

①　李梅兰. 高校汉语言文学中口语教学内容的改革探析 [J]. 江西电力职业技术学院学报，2019，32（12）：68.

气氛、或强化表达的感染力的目的。表达中有时会有失言或口误的情况，可根据具体情形及时巧妙地加以纠正，也可沉稳地装出若无其事的样子继续下去；有时发现表达效果不理想时，还可以灵活应变，另辟蹊径。

在表达中，也常会遇到一些群体小及防的发问、质疑，或一些突发事件，表达者要善于因势利导，随机应变，借题发挥，这种根据交际场合对象、话题等具体情形察言观色、随机应变的能力，与人们的知识、阅历、涵养、语言能力等各种因素密切相关。

（3）口语表达中体态语的多样性。在口语表达中，表达者除了可以积极利用语言的各种因素外，还可以积极调动各种非语言性的辅助手段——体态语。体态语，是指口语表达中借助表情、体态动作等手段准确、迅速地表情达意的一系列方式，主要有以下方面：

第一，表情语，是指人的面部表情，由脸色的变化、肌肉的伸展以及眼、眉、鼻、嘴的动作所传递出的信息，其中最重要的是目光。各种各样的表情中，最能复杂、微妙、细腻深邃地表达感情的莫过于各种眼神、目光。人们目光，既可以丰富自己的情感，又可以捕捉、追踪、洞察对方的内心世界。除了眼神，笑的表情也是很重要的。笑有很多种，其中，微笑是最有吸引力的，既微妙而又永恒，无论它的内涵多么丰富，如友好、甜蜜、愉悦、欣赏、拒绝、否定、欢快、乐意、尴尬、无可奈何等，但它给予人们的信息却都是愉快的，让人理解的。在交际中，微笑会给交际带来融洽、平和的气氛。

第二，体势语，主要包括：首先，手势主要是指手的位置及手部的各种动作。口语表达中，常用特定的手位表达特定的感情，成语中就有很多这样的词，如额手称庆、扼腕叹息、袖手旁观等，还有挠头、搓脸、双手交叉、双手背后、双手置膝上等各种动作；手部动作，如握手、鼓掌、挥手及手指的各种动作；身体各躯干的动作包括头部、颈部、肩部、胸部、背部、腹部、腰部、下肢等各种部位的动作。在交际中，这些部位的特定动作伴随着有声的语言表达可以传达出各种微妙的意义。其次，身姿语是指整体的身姿形象，如站相、坐姿、走势、坐态等，这些身姿，反映着一个人的仪态、风度、气质等。中国传统仪态规范的要求很多，如"坐有坐相，站有站相""站如松，坐如钟，走如风"等，身姿也是各种情感的外化形式，在交际中传递着各种特殊的信息。最后，装饰语包括服装、美容、饰物及各种实物等。在口头交际中，汉语言文学教师的衣服、美容化妆、装饰物等都能"说话"，而且他们传递信息的速度比言语还要快，给学生的第一印象是十分重要的。服装也能显示出人的职业、爱好、社会地位信仰观念、文化修养、生活习惯等各种信息。由此可见，与交际有关的各种实物也是一种"语言"，对人际的沟通有着十分重要的作用。

2. 日常社交的口语

汉语言文学教师应对日常社交的口语进行教学，主要包含以下方面：

（1）日常打招呼。打招呼是人际交往中最基本的礼节之一，它是一个人讲礼貌、有修养的表现。一般而言，招呼用语比较简洁，话到即可，有时甚至连语言也不用，一个眼神，一个手势，一个头部动作也可以代替招呼用语。打招呼，看似简单，其实很有讲究。打招呼特别要讲究称呼和寒暄用语。

第一，打招呼要称呼得体，要使招呼中的称呼得体，主要是要根据不同的对象和场合选择恰当的称呼，使称呼因时而变，因地而异。被称呼对象包括对方的年龄、身份、地位、与称呼者关系的亲疏远近等因素，所以称呼要尽量丰富、准确、标准，不能不分行业、年龄、性别、亲疏、内外、场合、地点，模糊、笼统地使用称呼语。

第二，寒暄要热情有礼。打招呼时除了称呼，还要注意相应的寒暄用语。寒暄话，也要看对象、时间、地点，特别是在一些特殊场合，寒暄话一定要自然、合情合理。寒暄的方法有很多，询问式，多用来询问职业、姓名等；夸赞式，如"您这套衣服很漂亮""您的气色真好"。总而言之，寒暄是为了突破陌生界限，缩小双方的心理距离，为进一步交际奠定良好的基础。寒暄话，还要注意不同民族、不同国家的不同文化习惯。例如，西方人的寒暄话多以天气、季节、自然环境等一些无关紧要的事情作为话题。寒暄中，如果能充分注意到这一点，会使交际取得较大的进展。

（2）自我介绍。介绍是人际交往中相互结识的一种最初方式。自我介绍是自己介绍自己，以使对方对自己能有初步的了解，为继续交际做准备。汉语言文学教师在进行自我介绍时要注意以下方面：

第一，要镇定自信而谦虚有礼。自我介绍要镇定自信，重要的是克服羞怯心理，勇于向对方展示自己。自我介绍时，始终保持微笑，随时点头致意，即使内心慌乱，也会给人以镇定自信的感觉。自我介绍时还要谦虚有礼，既要使对方通过自己的介绍对自己有所了解，又不能给人以炫耀夸饰的感觉。

第二，要繁简得当。初次交往的双方，都有要了解对方的愿望，如果一见面能及时、准确地进行自我介绍，就会为进一步的交往做好铺垫。所以自我介绍要根据交际的具体要求或简洁或繁复，使对方能充分了解我们自身的有关情况，并能从中找到继续交际的话题。

第三，适当的诙谐幽默。自我介绍时，不能一味平铺直叙，还要讲究一些技巧。诙谐幽默的技巧就常被用于自我介绍，它有活跃气氛、引起注意、突出要点等一系列功能，其中，较常用的方式，是巧妙地在自己的名字上或在自己的一些特征上做文章，从而给人以特殊的印象。

第四，适当使用名片。在现代交往中，名片的作用是十分重要的。特别是在自我介绍中，名片是不可缺少的媒介。名片使用方便，又能使自我介绍简明扼要，重点突出，因为递上名片就会省去一些不必要的解说，更详细的内容都清清楚楚地写在名片上了。另外，用名片辅助自我介绍，还能在一定程度上避免夸耀自己的嫌疑。特别是对一些职务、学衔较高而又比较谦虚的人而言，名片所带来的方便更无可比拟。但名片的运用一定要得体、适时。自我介绍时，随身若带有名片，可不失时机地递上；当别人主动向自己递来名片时，一般情况下要还递名片，若身边没有名片，应表示歉意，以后再寻找合适时机补递。在名片的运用中，特别要避免不分场合、无论是否有必要而滥发名片的行为。此外，接名片时，一般应双手接，并致谢，还要当面把对方的名片读或看一遍，之后适当寒暄一下。

（3）人际交往。在人际交往中，与人交谈时要注意以下方法和技巧：

第一，提问法。在人际交往中，问是一种十分常见的表达形式，有时它成为打开交谈之门的钥匙。由此可见，提问是一种语言艺术，要想善于交谈，必须先善于提问。提问的基本目的主要包括：①通过发问解除疑惑，投石问路，获取必要信息；②通过发问引导、规范对方的言路，巧妙地、不着痕迹地规定交谈的方向。发问的方式主要包含：首先，有疑提问式，主要以解疑求知为目的，这类疑问一定要简明扼要，问题一目了然，疑点鲜明突出，便于对方抓住要点，有针对性地回答；其次，无疑暗示式发问，主要目的是把握交谈的主动权，使交谈向着事先预设好的有利于自己的方向发展，这类发问反映着一个人的应变能力与驾驭语言的能力，需要更高的技巧；最后，无疑反驳式发问，用反问句表示肯定或否定的感情，比正面发问更有力量，或更具幽默感，或更有讽刺意味。批驳性反问，能够表达强烈的情感，既可以维护自己，又可以反击对方，这种提问的要求有很多，主要是要胸有全局，根据交谈的基本目的，针对不同场合、对象灵活巧妙地采用不同的提问方式。提出的问题要尽可能抓住谈话要点，或迂回抓住对方的兴奋点，以使对方有话可谈，使交谈顺利进行。如果遇到冷场，不要生硬地追问，要及时地转变话题，巧妙地化解紧张气氛。

第二，应对法。在交谈中，人们会遇到各种各样的情况，碰到各种的问题。应对时，就要讲究技巧，自如操纵。交谈中的应对要义主要是遵循灵活的原则。灵活，就是要根据具体场合、对象以及个人的各种实际情况灵活采取应对方式，主要包含：①直言相告，就是坦诚相见，直接应对；②诱言否定，就是对一些难题或错误的问题，先不回答，而是诱使对方自我否定原来的问题；③借题发挥，通常是因为对方的问题情况复杂，需要更高的技巧；④反言驳斥，就是在交谈中，对对方的错误的或不合适的说法、看法给予反驳，从而表明自己的态度和看法；⑤妙言回避，是指在交谈中，遇到不便回答或不能直接回答的问题，采用回避正面答对而予以迂回应对的方式，回避既要巧妙又要及时，既要避开难题，又要不影响交谈气氛。

第三，拒绝法。交谈时会遇到各种各样的要求，不可能都使之满足，因此拒绝是难免的。遭到拒绝总是一件不愉快的事，所以，要善于说"不"，善于用技巧语言表达拒绝之意，以尽量不使对方失望，将对方的不快减少到最低限度。拒绝的方法有很多种，常见的有借故推托、模糊多解、先扬后抑、避实就虚等方式。拒绝方法使用的恰当、灵活、得体、巧妙，是使交际获得成功的重要手段。

第四，电话交谈。电话交谈也要讲究语言艺术。电话交谈从内容而言，有公务性和非公务性两种；从形式而言，有打电话和接电话两种。无论哪种电话交谈，都要清晰准确、亲切礼貌，注意时间。电话交际虽然是同步进行的口语交谈，但不能面对面，需要由线路传递声音。因此，比面对面说话要求更为清晰、准确一些。电话内容一般按招呼、正题、结语的程序进行。招呼语除了向对方问好外，要讲清本人的姓名单位，打电话者和接电话者都应如此。正题的内容表述一定要清楚，信息传递要准确，如果告诉对方一些关键的数字或电话邮编、电报、电传号码时，最好要求对方复述一遍，以便校正。此外，为了使电话交谈的内容清晰，还要注意充分利用语音修辞手段，使用普通话，语速不宜过快，节奏要鲜明，声音要适中；语调要抑扬顿挫，重要的词语可用重音，还可适当重复，注意适当的停顿；要注意认真听对方讲话，不要抢着打断对方。

电话交谈时应亲切礼貌，要注意用得体的称呼，多用敬语等礼貌用语，如"谢谢""麻烦""请""对不起""不客气""打扰了""再见"等。不同的语调流露不同的情感，对方可从语调中听出态度。电话交谈中应使用亲切、不高不低的声音、自然的语调、不急不慢的语速，以表示说话人的诚心、和蔼和亲切。电话交谈中亲切、柔和的语气具有魅力。此外，电话交谈中，还要多用敬语等礼貌用语。礼貌用语也要讲究得体和适时，要根据不同交谈内容、不同情况加以灵活选择。特别是在讨论性的电话交谈中，要耐心、温和地交换意见，要不失时机地道谢、致歉、表态，使电话交谈顺利、圆满。

电话交谈时要注意控制时间，用电话交谈比较方便，但电话交谈要注意控制时间，讲究简洁。首先，要求自己尽量不打这样的电话；其次，接到这类电话，也要用委婉含蓄的表达加以回绝，或巧妙地止住对方的话头，从而使电话交谈时间恰到好处，适可而止。

二、汉语言文学教学的课程内容

（一）文学理论课程

文学理论课程是汉语言文学专业学生的专业必修课，也是汉语言文学类课程的基础理论课，本课程在美学基本理论的指导下，批判继承了中国古代文论、西方文论的精华，系统阐明了文学的基本原理、基础知识，能够帮助学生掌握文学的基本规律以及正确认识和分析文学现象的基本理论和方法，培养学生创作、欣赏和评论文学作品乃至正确分析其他文学现象的能力，培养学生正确的文学审美价值观、优雅的文学审美趣味，并为其进一步学习其他文学课程、进行文学研究和语文教学以及其他文化事业实际工作提供概念范畴及方法论基础。

1. 文学理论课程目标

（1）知识目标。系统掌握文学的基本原理、基础知识和相关的研究方法，了解文学理论的发展概况，对与文学相关的基本问题有一个全面而概括的认识。系统掌握文学的基本原理、概念范畴、基本规律；掌握分析作品、文学现象的基本理论和方法；初步建立文学理论体系、丰厚专业知识素养。

（2）能力目标。在概念命题和原理接受的基础上，学以致用，注重提高学生运用正确的文艺观、审美观去分析、鉴赏、评价各类文学作品和文学现象的能力；培养学生的理论思维能力、创新思维能力，以及理解社会生活、现实人生理想的能力。

（3）素质目标。了解人、自然及社会，具有较为开阔的人文知识视野和人文情怀，具备健康的审美趣味和良好的发现及传播真善美的能力，拥有独立思考和独立判断的能力，形成一定的学术能力和较好的专业素养，为步入社会、继续深造奠定良好基础。

2. 文学理论课程内涵

（1）文学理论的前导课程。文学理论课程作为理论课程，需要运用抽象的理论思维，需要学生具备一定的文学史知识和文学阅读积累，这恰恰是刚进入大学校门的学生们的短板，所以接受起来有一定难度。但该课程作为理解中外古今文学作品、文学现象的理论基础，又不宜开设过晚，所以文学理论课程安排在第二、三学期开设。此时，中国古代文学、中国现代文学等文学课程已经开设了一学期，学生们具备了一定文学积累，有了一定专业知识基础，有利于联系文学史、文学作品实际，理解较抽象的理论概念和规律。文学理论课程开设的同时，《古代文学》《现代文学》《当代文学》《外国文学》等课程依次开设，可以使文学理论知识与文学史相互支撑，互为材料，相辅相成。

（2）文学理论的课程知识体系。文学理论课程的知识体系结构是根据文学理论的对象和任务安排的。第一，着重探讨文学理论的性质、形态以及如何理解马克思主义文学基本理论等问题；第二，讨论文学活动及其发生发展过程，讨论文学作为人类的一种活动同其他活动的共同性和差异性，着重讨论文学活动区别于人类其他活动的性质，从而揭示文学的本质；第三，讨论文学创造，根据马克思关于"艺术生产理论"，把作家的创造理解为一种特殊的精神生产活动，揭示文学创造的过程与规律；第四，讨论文学作品，以作品构成论为基础着重讨论文学作品的构成方式。第五编讨论文学的消费与接受，文学的接受理解为人的一种特殊的精神消费，既讨论这种消费与一般消费的异同，也讨论文学接受的过程和规律，从而较完整地构成了文学接受论。文学理论课程的教学内容力图把握住文学理论的对象，并对其作扼要的、深入的阐释与研究。

3. 文学理论课程教学

文学理论课程不仅是一门理论性很强的学科，而且是一门实践性很强的学科。理论学习是为了更好地指导实践，所以为了让学生系统地接受文学理论的基本概念和基础知识，并能利用文学理论知识指导文学创作、文学欣赏以及应用于语文教学，文学理论课程教学始终紧紧围绕学以致用展开。秉承此教学精神，为了使理论课教学取得好的教学效果，不再枯燥、抽象、难以接受，文学理论课程教学要点主要包含以下方面：

（1）在教学中讲解理论原理时，紧密联系经典文学作品、当前各种文学现象，多举例论证，为学生指定必读书籍，撰写读书笔记，交流读书心得。

（2）问题式教学，具体方法包括：①教师讲课时，提出问题，要求学生查阅相关资料，进行书面回答，经教师整理选择后在课堂梳理、交流；②教师授课过程中要求学生随时书面提出问题，下课时交给老师。经教师予以选择（主要据其普遍性及学术性程度）并充分准备后，于下一次上课时作答。问题式教学的效果是：首先，激发学生的独立思考能力、问题意识及学习方面的主观能动性；其次，活跃教学气氛，加强教师与学生之间的沟通；最后，通过回答具有普遍性的某些问题，扩充学生的知识面，开阔学生的视野，有利于相关理论知识的积累和理论视野的拓展。

（3）强化学生理论实际运用能力，将课堂理论与具体的阅读体验和生活经验相联系，主要包括：①布置小论文的写作与作品赏析；②引导学生关注当下文化、文学热点问题并组织讨论，并进行相关评论的写作，有针对性地进行讲评、交流。

（4）指导式教学。指导式教学即对教材中比较浅显、容易理解的章节，交由学生自学，写出学习体会，进行课堂交流，然后再由教师就有关重点加以阐发，既培养学生的自学能力，也可节余出更多的课堂时间，用于其他教学活动。

（5）在帮助学生深刻理解理论的基础上，积极鼓励他们进行文学作品创作、文学评论写作。

4. 文学理论课程考核

文学理论课程考核采用平时表现和期末考试成绩相结合的综合测评的考核方法：一方

面，课程小论文、读书报告、作业等学习过程中的实践环节成绩占一定比重；另一方面，期末考试的考核方面除去传统的试卷考试这一形式外，引入课程论文的考核形式。就考试内容而言，加强对学生理论分析和应用能力的考查，减少单纯需要死记硬背的内容，从而更好地检测学生的综合素质和能力。成绩评定方式为：平时成绩30%+期末考试成绩70%。

（二）古代汉语课程

古代汉语是中国语言文学系的主干课程，也是汉语言文学专业（包括师范生与非师范生）的一门专业基础课程。古代汉语既是一门语言知识课程，又是一门工具课程，有一定的理论性，也具有很强的实践性和实用性。根据专业培养目标的要求，课程着力于培养和提高学生阅读文言文和运用理论知识解释文言语言现象的能力，并为"古代汉语课程体系"的选修课程如文字学、音韵学、训诂学、古代汉语语法学等汉语史课程以及语言学理论和古代文史哲等相关课程的学习奠定基础。

古代汉语课程贯彻理论联系实际的原则，以古代汉语文选作为基本的语言材料，阐述古代汉语的基本知识。通过本课程的学习，使学生掌握古代汉语的语言常识和基础理论，对古今汉语的发展有基本的了解，理解现代汉语是古代汉语的继承和发展；培养和提高学生综合运用古代汉语知识阅读古代文献的能力，能够借助工具书阅读没有今人注释和标点的一般难度的文言作品；改善学生的知识结构，提高其人文素质，增强对接受古代文化的认同感和自觉性；具备进行文言文教学和研究的基本能力，能够比较准确地解释中学文言文作品中的语言文字问题。

1. 古代汉语课程目标

针对汉语言文学专业学生的知识结构和能力目标要求，古代汉语课程既要传授基本的文言语言知识，又要把重点放在培养阅读古书的能力上，为其他相关课程的学习和今后的工作打下良好的文化基础。还需要提高对祖国语言文字的自豪感和文化认同感，培养语言文字研究的兴趣。

（1）知识目标。古代汉语课程教学知识目标包括：①通过课堂教学及相关教学活动，使学生系统地掌握古代汉语的文字、词汇、语法、修辞、古注阅读、标点翻译、诗词格律与古代文体等基本知识，对相关的语言学基本理论有一定的了解；③初步了解汉民族共同语的发展历史，为学习汉语史及相关课程奠定较为坚实的基础；②对古代汉语的概念有较为准确的理解，对古代汉语与现代汉语的差异有较为清晰的认识；④理解现代汉语是古代汉语的继承与发展，更准确地分析和解释现代汉语的语言现象；⑤通过典范文言文的讲读和阅读，巩固所学的古代汉语知识与基本理论；⑥掌握运用所学的理论知识分析和解释文言文语言现象的途径和方法。

（2）能力目标。古代汉语课程教学能力目标包括：①通过学习古代汉语知识，使学生在掌握相关语言理论知识的基础上，自觉运用理论知识，提高阅读文言文的基本能力，能够比较顺利地阅读中等难度的文言文。例如，唐宋八大家的仿古作品、两汉史传散文等，并能借助工具书和古著阅读难度较大的文言文，如先秦诸子散文、历史散文等。②具有一定的语言分析能力，对中等难度的文言文中出现的常见语言现象，能够从理论上加以分析和解释；全面提高阅读能力，能够较为准确地理解文章的内容主旨，鉴赏分析文章的语言风格和特点，胜任中学语文课程的文言文教学工作。

（3）素质目标。古代汉语课程教学素质目标包括：①通过古代典范文言作品的阅读，了解古代的典章制度、民俗风情以及文史哲等文化知识，接受古典文化的熏陶，提高学生的专业素养和人文素质；②通过语言知识的学习，了解汉民族共同语的发展历史，热爱祖国的语言文字和语言文字事业；③培养语言研究的兴趣，能够自觉地运用历史的观点看待语言文字现象，提高对语言现象的敏感度，准确地理解和解释较为复杂的语言现象，提高汉语语言文学的应用能力；④通过课堂教学和相关的训练，使学生具备分析研究问题的基本能力，能够胜任中学语文的语言教学与研究工作；能够就某个问题进行一定程度的理论探讨和论证分析，为进一步深造奠定坚实的基础。

2. 古代汉语课程内涵

（1）古代汉语的前导课程。古代汉语课程的学习，首先，需要学生具备扎实的现代汉语知识。古代汉语课程的知识体系，建立在古今汉语比较的基础上。没有相关的现代汉语知识和训练，就难以理解古代汉语知识；其次，要有一定的文言文阅读经验，没有一定的文言文阅读积累，缺乏语言材料，也不可能真正理解文言文及其相关语言知识；最后，要有一定的中国古代历史文化的基本常识。语言是以文化为依托的，理解语言材料和语言知识，离不开语言赖以生存的文化环境。因此，古代汉语课程的前导课程应包括：①中学语文课程中的文言文阅读经验和知识积累；②中学中国历史课程中的中国古代历史文化基本常识；③大学一年级现代汉语课程及该课程涉及的语言学知识；④大学一年级的中国古代文学课程及相关的历史文化知识。

（2）古代汉语的课程知识体系。古代汉语课程由文言文选读、词汇分析举例、古代汉语知识通论及练习等部分构成。教学中应力求做到文选讲读与语言知识讲解相结合，学习语言知识与运用相结合，突出古代汉语课程的工具性特点。文选讲读以课堂示范性选讲为主，与语言知识讲解按1∶2的课时比例分配。文选讲读包含在每个章节之中，穿插进行；选文以传统名篇为主，并注重语言的典范性。古代汉语课程知识体系具体见表1-1。

表1-1 古代汉语课程知识体系

学期	章节	内容	学时
第一学期	绪论	古代汉语与古代汉语课程	2
	第一单元	文字；文选讲读	24
	第二单元	词汇；文选讲读	28
	第三单元	诗词格律；文选讲读	16
	自学内容	古代的文体、古代文化常识（略）	2
第二学期	第四单元	文言语法；文选讲读	44
	第五单元	文言的修辞与表达；文选讲读	6
	第六单元	古书的标点与古文今译；文选讲读	6
	第七单元	古书的注解；文选讲读	10
	第八单元	古代汉语的常用工具书	6

3. 古代汉语课程考核

古代汉语每学期的教学内容，将按照教学计划和考试大纲的要求，进行严肃认真的考核。考核成绩由平时作业、期中考试成绩平均值的20%或30%和期末考试卷面成绩的80%或70%构成。期末考试采用闭卷笔试，考试时间一般为120分钟。试题类型结合该学期讲授的重点难点，以阅读理解等操作实践型题目为主，辅以论述、知识综合运用、文言文标点翻译等题型。试卷的题型不少于5类，题目不少于8个。汉语言文学教师应在保证基本教学内容考查的前提下，根据具体情况略作调整。

（三）现代汉语课程

现代汉语课程是高等院校汉语言文学及其相关专业一门重要的专业基础课，在汉语言文学教学体系中举足轻重，它既是汉语言文学、国际汉语教育专业的主干课程，又是许多应用文科专业及外语专业的必修课程，还经常被采用为跨专业的辅修课程或公共课程。现代汉语是与语言相关课程的先导课程，为进一步学习汉语言文学的其他专业课程奠定基础，它担负着培养和提高学生语言文字应用和科研能力的重任。现代汉语课程应致力于学生语言素养的形成与提高，提升学习者语言分析的理论水平与语言运用的实践能力，为从事语文教学工作、语言文字运用与研究工作奠定基础。

1. 现代汉语课程目标

通过学习，系统掌握本学科的基本理论和基本知识，了解本学科的发展趋势，培养和提高学生理解、分析现代汉语的能力；提升学生通过熟练地运用工具书对语言的运用能力和语言事实的发掘能力及初步的语言研究能力，以及一定的跨文化交流能力；认识常见的繁体字，使学生具有良好的语言素质，具备成才的基础，使其成为基础扎实、思维活跃、视野开阔，能适应新时代要求的复合型人才。教师要特别注重提高学生熟练地掌握教师口语表达的基本技能和技巧，以最终形成个人较高的语言表达素养。现代汉语课程培养目标具体包含以下方面：

（1）语言的理解、思辨能力目标。培养学生充分运用比较的方法，掌握对语言进行综合、系统化的感知、感受、感悟过程，准确、独到地投入主观能动性的认识和理解。由点到面、由此及彼、由表及里地观察语言，注意捕捉细节，见微而知著，准确地把握不同语言、不同方式表达的不同意义和效果。

（2）语言的运用、表达能力目标。首先，培养学生语言的基础能力，即能够组成一般句子的能力；其次，培养学生的语言交际能力，即在一定的语境中，为达到一定交际目的而组织准确、得体话语的能力，在语义之外全面理解某些话语实际含义的能力。

（3）语言的研究、创新能力目标。培养学生的语言分析研究能力，即培养学生运用语言学理论和知识多角度地分析、鉴别、审视、欣赏语言现象的能力；注重培养学生对各种语言现象的浓厚兴趣和敏锐的感觉，能以科学的客观态度去对待各种语言现象；能初步分析、探究某些语言现象，能基本进行观点正确、有理有据、有所创新的书面表达。

2. 现代汉语课程内涵

（1）现代汉语的课程知识体系。现代汉语是一门语言科学，它是对汉语的现状进行描写的研究，使人们认识这些规律，自觉地遵循和应用这些规律，以提高语言的表达能力，增强语言的表达效果。现代汉语课程内涵主要包含以下方面：

第一，绪论。绪论部分主要讲解现代汉语的性质、研究范围及现代汉语规范化等，使学生对现代汉语的研究状况及学习现代汉语的功能、作用有较全面的了解。

第二，汉字。汉字部分主要讲述汉字与汉语的关系，讲述汉字的特点，汉字的形体结构和演变规律，汉字规范化和汉字整理的一些问题。通过学习，了解汉字悠久的历史和伟大的功绩，明确汉字整理的政策和当前的任务，正确对待正字法。

第三，词汇。汉字部分讲述词和词汇的构成，词汇、词义的发展，字典和词典等基本知识。学习词汇主要掌握辨析词义的方法，以便正确地理解、运用和解析词语。学习词汇还应在实践中逐步丰富、积累词汇，从而提高自己的表达能力。

第四，语法。语法部分是整个现代汉语的重点主干部分，主要讲述语法的性质，词的结构和分类，短语和句子的分析，以及修改病句等基本知识。学习语法是为了掌握词和句子的性质、特点，运用句子的规则，培养分析词性、分析句子结构、辨识病句和修改病句、正确语言运用的能力。

第五，修辞。修辞部分讲述词语的选用，句式的选择和常用的修辞格，并讲述运用修辞方法应该注意的问题。要求学生不仅掌握各种修辞方式，还必须学会炼词造句的方法和具有分析一般修辞现象的能力，努力使语言表达得更加准确、鲜明、生动。

（2）现代汉语课程的课堂讲授主要包含以下方面：

第一，教学内容处理。教学内容处理主要包括绪论、文字、词汇、语法、修辞五大部分。根据应用型专业人才培养目标、教师素质要求，课程内容应注重该课程同相关课程和后续课程的整合与衔接，做到有取有舍、有详有略。教师应精练教学内容，优化课程结构，将实践训练多放在课前、课间、课外活动或第二课堂。在课程内容安排上，以"必需""够用""管用"为度，以学生语言感知为基础，结合语言研究新成果，注重提高学生对语言的敏感度，突出语言运用，夯实专业基础，培养学生自主学习的能力。为了突出应用型专业人才的培养，还应加强与实际运用的联系，如讲授语音、语法、修辞时都重点探讨其在教学中的运用和教学方法，引领学生感知新课程对教师语言知识和语言能力的要求，形成能力训练的自觉性和韧性。

第二，教学方法的运用。应用型专业人才培养目标、学科本身的性质、学生能力形成的发展，决定了现代汉语课程有着明显的技能性，所以在遵循启发式教学原则的同时，要突出学生教学的基本方法，即训练教学法，采用举例子、自例中提炼问题、引导解决、上升到理论、实践训练的引导式教学方法。通过司空见惯的表层的言语实例分析，挖掘出深层的一般性的语言规律。并通过实践训练达到培养学生研究语言和运用语言的能力这一最终目的。针对高校扩招后学生学习水平整体下降的实际，不强调知识全面性和体系性，突出重点，突破难点，解决疑点，加强教育教学技能训练。在具体的教学内容中采用不同的教学方法。关于教学方法，具体见表1-2。

表1-2 现代汉语课程教学方法运用

教学方法	具体内容
问题讲授法	根据课时逐渐减少、扩招后学生整体水平下降的实际，可将教学内容多变成问题的形式讲授。把每个问题的知识点串成线，连成片，结成网，形成一个完整的知识体系
参与式教学	以学生为中心，强调学生主动、平等地参与学习活动，以及学生之间、学生与教师之间的交流与合作，充分关注学生已有的知识和经验，在保留教师讲解的主要模式的同时，尽量使学生参与到教学环节之中，变被动听讲为主动思索，如课堂讨论法、不同观点辩证法等

教学方法	具体内容
探究式教学	根据新的教育理念和国家新课改的要求，鼓励学生进行探究式学习。在授课时有意识地多鼓励学生质疑，如质疑教材的观点和提法及例证等。师生共同质疑、互相质疑，达到最后解疑之目的
自主式教学	建立现代汉语学习网站，把讲义、课件、理论和技能训练题库、相关网络资源整合优化后放在学习网站上，逐步建立完善现代汉语资料库、音像资料库，宣传国家语言文字工作方针、政策，追踪报道热点，展示研究成果，为学生提供语言训练的范本，创建展示训练成果的平台，让他们自主学习，自主选择他们认为有用的或者在今后的工作与学习中需要的内容学习

第三，教学手段。汉语言文学教师运用多媒体教学，以教师讲授为主、学生讨论为辅。充分使用现代教育技术手段促进教学活动开展，利用图像、音频和视频等多媒体信息展示教学内容，让学生可以比较直观地观察到某些语言现象，如简化汉字和繁体汉字的对照，以提高学生的学习兴趣，帮助学生更好地理解所讲的理论知识。

针对现代汉语课程的特点，在考核制度上可以采用质性评价与量化评价相结合、学习过程和结果相结合的评价体系，采用三种方式考核的方法，即试卷方式、作业方式和结业小论文方式。试卷方式主要采用闭卷形式考核理论知识的理解及运用；作业方式在学习过程中考核，主要考核对所学理论和知识运用的实际能力（百分制计分）；小论文主要考核学生运用理论研究语言现象的能力和进行教学实践探讨的能力。通过这种教学手段正确引导学生将学习的重心转移至语言能力的培养。

（3）现代汉语课程的实践教学。现代汉语课程实践教学可从两个方面进行：课堂内非独立实践环节的实施，课外独立实践环节的实施，课堂内非独立实践环节的实施主要包括课堂发言、讨论、语料赏析、训练、课堂作业等；课外独立实践环节的实施主要包括课外作业、语言调查、社会实践、语言活动与竞赛等。现代汉语课程实践教学需要综合运用多种实践训练方法，如课前演练、多媒体应用、讨论法、示范法、情景模拟、问题贯穿法、语言调查、社会实践、活动竞赛等。教学实践的运用应遵循的原则包括：①教师主导与学生主体相结合；②分散模式和集中模式相结合；③课内课外结合；④教学实践活动与学生社团活动相结合。

（4）现代汉语课程的实践策略分析。

第一，课内或课前实践。课内或课前实践主要是围绕课堂讲述的重要内容进行的练习实践活动。根据内容有的可以放在课堂上，有的可以放在课堂前。例如，教师设计好一些讨论题目及程序，让学生准备，并组织学生进行讨论。先由不同层次的学生"知无不言"，最后，教师发言，阐述观点，总结点评。

第二，课外第二课堂实践。第二课堂实践活动有着课堂教学所不能代替的重要作用，可以综合运用学生所学的知识和技能，以发挥学生的主动性和创造性，可以反映新的信息，把新的科学成果及时传播到学生中去，以弥补教材"滞后"的问题。例如，课外由学生自行调查网上用字用语状况，根据现代汉语所学知识写成调查报告或小论文，最后由学生相互批阅，写出评语。

第三，课外作业。课外作业是引导学生自主学习、检查教学效果、拓宽学生知识面的重要环节。汉语言文学教师根据课堂所讲内容或考研目标设计系列作业，让学生通过相互讨论或到图书馆查阅、整理资料，写出对某一问题的看法，以激发学生对所学理论的进一步认识和思考，能使所学的知识得到巩固和提升。

（5）现代汉语课程自主学习。现代汉语课程自主学习需要充分运用网络。建立专题学习网站，把资源整合优化后发布，促使学生自主学习。利用互联网，提供给学生交流的电子信箱、教育博客、师生交流相关网址，建立良好的信息交流渠道，促进学生积极学习。为学生创建展示训练成果的平台，使学生真正成为整体教学过程和教学活动的一部分。

3. 现代汉语课程考核

现代汉语是一门实践性较强的学科，所以考核目标的方向包括：①基础知识、基本理论的掌握；②综合运用所学知识分析语言现象的能力，其中更加强调对通过知识的学习而变为能力的考核。在现代汉语课程教学中，为了让学生巩固和掌握所学的知识内容，提高学生的独立思考能力、创新能力，教师应该注重在学习中布置作业，要求学生完成并作为平时成绩来考核。在课程学习的考核方法上加大对平时的考核，避免将一次性考试作为课程学习考核的唯一手段，具体考核方法包含以下方面：

（1）课程成绩分为两部分：每学期平时课堂表现及作业成绩占20%，期末笔试考试成绩占80%。

（2）要求学生平时做作业，每学期3至5次，内容包括语言现象分析、语言现象评论及语言文字调查报告等，学生作业按百分制评定成绩，几次作业打分后取其平均值。

（3）期末笔试考试，成绩为百分制。为保证评卷成绩的公正、客观，本课程一直坚持教师客观，现代汉语课程应坚持教师"流水"阅卷形式。

三、汉语言文学教学的课程设置

汉语言文学教学的课程设置直接影响着教学效果和教学进度。随着时代的不断发展，汉语言文学教学的课程设置也要与时俱进、改革发展。

（一）汉语言文学教学课程设置的重点

1. 课程内容要密切联系学生

汉语言文学专业课程设置应该坚持教化人格、传承文化、培养治事治学能力的教育理念，课程的内容设置上要与学生有更多的联系。在汉语言文学教学中，部分课程内容与基础教育实际、与新课改的联系还需要加强。学校在部分教材的编写或选用上也需要更多的体现专业特点和学生特点。与此同时，部分教材的编写还需要体现对学生生理、心理特点和现有经验的关注，如内容的组织安排需要从学科自身知识体系的逻辑性、严谨性来考虑的基础上，增加灵活性和趣味性；理论阐释和案例分析的比重应该更加合理；要有利于激发学生的学习兴趣，有利于引导学生自学和探究。

2. 课程评价要注重全面与综合

汉语言文学教学评价内容、方法、主体等需要真正做到全面地评价学生。在评价内容上，要对实践能力的评价加以重视；在评价方法上，终结性的笔试与过程性评价都要落实到位，需要结合学生平时的学习态度、努力程度以及进步的情况来综合考量，真正发挥学习评价促进学生改正缺点、不断进步的作用；在评价主体上，学生评价自身和同学的权利需要也要加以重视。

（二）汉语言文学教学课程设置的方法

1. 课程设置体现现代化

随着当今学科技术文化迅速地发展，人才的要求越来越高，在汉语言文学教学课程设置上要面向现代化，培养全面发展并且具有较高的综合素质，具有创新意识、创新精神和创新思维，符合和适应社会进步的复合型人才。对于汉语言文学教学而言，学科专业知识不可再以传统的知识为发展价值取向，应该在课程中纳入科技发展的一些新成就和基础学科的前沿知识，这样可以满足学生的知识更新，开阔他们的视野，学以致用的能力也会更加灵活。

2. 课程设置重视人本化

教育的目的就是促进人的发展，在汉语言文学教学的课程设置中应该加强纳入理科和操作技能方面的内容，不断完善汉语言文学师范专业课程设置中可能存在的重知识、重人文而轻实践、轻科学的不足，丰富课程的科学内涵，同时均衡提高学生的科学技能和人文素养，促进师学生人格的和谐全面发展。

3. 课程设置体现实效化

追求课程的实效化是知识经济时代对人才的能力发展的要求，汉语言文学教学的课程设置上要把经济性知识、技术性知识、实践性知识都纳入所学习的知识体系之中，在学习和运用知识的过程中学生可以不仅发展自己的潜能、增加广博的知识，也可以提高自己适应职业的能力。在汉语言文学教学的课程设置中，要体现当代社会与基础教育的关系来提高学生对现代社会发展和基础教育服务的能力。

4. 课程设置体现多样化与通识化

要想提高学生的综合能力和拓宽广博的知识面，应在汉语言文学课程设置中体现课程的多样化、通识化和综合化的趋势。课程的多样化可以满足不同学生的发展需要，一般开设在选修课程中较为合适。课程的通识化可以满足学生全面发展的需要，发展学生的人文素养和科学素养。综合化的课程可以满足社会发展的需要，需要在汉语言文学专业的课程设置上建立发达的选修课程体系，使得通识教育、学科教育和教师教育三方面能得到全面和谐的发展。

5. 课程设置体现见习与实习

教育见习和实习是提高学生教学实践能力、结合理论与实践的重要途径，不仅可以促进学生学习教育理论提高自身的理论水平，还能使学生认识到教育理论对教育实践的重要作用。在制定汉语言文学教学课程计划的过程中需要做好调研工作，保障教育见习、教育实习的有质有量地进行，加强与实习学校的合作，保障学生教学实践能力的提高。

四、汉语言文学教学的意义

汉语言文学教学作为一种重要的教育形式，对于培养学生的语言表达能力、文化素养和批判性思维至关重要。通过汉语言文学教学，学生能够深入了解中国的历史、文化、哲学思想以及人之间的沟通方式，从而增强他们对中国传统文化的认同感和对跨文化交流的能力。因此，汉语言文学教学既是承载着传统文化的重要使命，也是培养青年一代综合素质和全球视野的有效手段。

（一）汉语言文学教学的文化意义

汉语言文学教学不仅是一种语言技能的传授，更是对中国传统文化的传承与弘扬。通过学习中国古代文学作品，学生能够了解中国古代智慧和哲学思想的精髓，感受中国传统文化的深厚底蕴。中国文学作为人类文化宝库中的重要组成部分，代表着中国人民的精神追求和智慧积累，通过此类教学，学生能够对中国文化产生浓厚的兴趣，并逐渐形成对中国文化的认同感和自豪感。

汉语言文学教学还有助于培养学生的审美情趣和文学素养。在文学作品中，艺术性、美感和情感体验都是重要的构成要素。学生通过学习和欣赏文学作品，能够提高他们对美的感知能力和鉴赏水平，培养他们对不同文学流派、风格和表现形式的理解和喜好。此外，文学作品中的人物形象和情节也能够激发学生的情感共鸣，引发他们对人性、社会现象和人类命运的深入思考。

（二）汉语言文学教学的语言意义

汉语言文学教学对学生的语言表达能力的提升有着重要的促进作用。通过学习文学作品，学生不仅能够积累丰富的词汇和表达方式，还能够提高语法结构的运用和句法的变化能力。文学作品中的丰富修辞手法和独特语言风格，能够激发学生的语言创造力和表达能力，并丰富他们的语言表达方式。此外，汉语言文学教学还能够提高学生的阅读理解能力和批判性思维。学生通过对文学作品的阅读和分析，需要理解作品中的深层含义和隐喻，通过推理和推测来解读作者的意图和思想。这样的阅读方式不仅能够培养学生的逻辑思维能力，还能够促使他们对文学作品进行批判性思考，形成独立的观点和见解。

（三）汉语言文学教学的跨文化交流意义

随着全球化进程的加速，汉语学习的重要性逐渐凸显。汉语言文学教学作为培养学生中的跨文化交流能力的重要途径，其意义主要包含以下方面：

第一，汉语言文学教学能够提升学生的跨文化交际能力。在全球化时代，跨文化交际能力对于个人的职业发展和国际交流至关重要。通过学习汉语言文学，学生能够了解中国的历史、文化和思维方式，培养跨文化意识和跨文化沟通能力，从而更好地与中国人民进行跨文化交流和合作。

第二，汉语言文学教学能够促进学生对多元文化的尊重和包容。文学作品常常反映不同群体的生活经验和文化背景，通过学习不同时期、不同地区的文学作品，学生能够更好地理解和尊重不同文化之间的差异，培养跨文化理解和包容的心态。

第三，汉语言文学教学还能够为学生提供更广阔的就业机会和发展空间。随着中国的崛起和对外交往的不断加强，汉语作为一门重要的国际语言，具有很高的就业和发展潜力。学生通过学习汉语言文学，不仅能够成为专业的汉语教师，还能够在国际组织、外交部门、企业和媒体等领域找到广泛的就业机会。

总而言之，汉语言文学教学对于学生的语言表达能力、文化素养和跨文化交流能力的培养具有重要的意义。通过汉语言文学教学，学生能够深入了解中国的历史、文化和思想，培养对中国传统文化的认同感和自豪感。同时，汉语言文学教学还能够提高学生的语言表达能力、阅读理解能力和批判性思维，培养学生的跨文化交际能力和社会责任感，为学生的就业和职业发展提供更广阔的机会。因此，汉语言文学教学不仅仅是一门学科，更是一种促进跨文化交流和文化传承的重要途径。

第四节　汉语言文学教学的发展

汉语言文学教学是指通过对汉语言和文学的系统教授和研究，以培养学生对汉语言和文学的理解、鉴赏和运用能力为目标的一种教学活动。随着社会的发展和时代的演变，汉语言文学教学也在不断发展和变革。汉语言文学教学的发展可以追溯到古代。早在古代，汉语言文学已经开始得到重视，成为儿童教育的内容之一。古代的教育注重经典的传承，儿童从小就开始学习古代经典文学作品，如《论语》《诗经》等，这种教育模式注重对文学作品的理解和鉴赏能力的培养，同时也培养了学生对古代文化和思想的熟悉和了解。

随着社会的变迁和教育理念的改变，汉语言文学教学逐渐从传统的古典教育模式向现代教育模式转变。在现代教育中，汉语言文学教学不再局限于对古代经典文学作品的学习，而是涵盖更广泛的内容和领域。教师开始将现代文学作品、历史文献、新闻报道等纳入教学内容，以便让学生更好地理解和应用汉语言和文学。随着信息技术的发展，汉语言文学教学逐渐与现代科技相结合。教师可以利用计算机、互联网和多媒体技术等工具，开展汉语言文学教学活动。学生可以通过网络获取更多的学习资源，参与在线讨论和写作活动，提高学习的效果和趣味性，以科技为支撑的汉语言文学教学模式，能够为学生提供更多的学习途径和方式，丰富教学内容。

相较于传统的面对面教学，汉语言文学教学还出现了一种新的教学模式——远程教育。通过远程教育平台，学生可以随时随地进行学习，不再受制于时间和空间。远程教育在汉语言文学教学中的应用，使得更多的学生可以接触到优质的教育资源，提升自己的学习能力。

此外，汉语言文学教学的发展还体现在教学方法的变革上。过去，教师主导的教学模式占主导地位，教师将知识传授给学生，学生被动接受。如今，教师更多地扮演导师的角色，引导学生主动参与教学活动，发挥学生的主动性和创造性。教师注重培养学生的思辨能力、创新意识和团队合作能力，激发学生的学习热情和兴趣。

然而，汉语言文学教学的发展也面临一些挑战和问题，主要包含以下方面：

第一，随着信息技术的发展和社交媒体的普及，学生阅读和写作能力受到一定程度的影响，学生更倾向于阅读短文、微信等简短的文本，对于长篇小说、诗歌等传统文学作品的欣赏和理解能力不足，这就要求教师在教学中探索新的方法和策略，激发学生对传统文学的兴趣，并且帮助他们提高文学作品的解读和鉴赏水平。

第二，跨文化的交流和理解成为汉语言文学教学中的一个重要议题。随着全球化的发展和不同文化间的交流增加，教师需要引导学生了解其他文化，培养他们跨文化的交际能力，需要教师提供更多的跨文化阅读材料，同时鼓励学生参与跨文化交流活动，拓宽他们的视野和思维方式。

第三，多样化的学生群体和学习需求也对汉语言文学教学提出了挑战。如今，许多国家的学生来到中国学习汉语和中国文学，这些学生具有不同的语言背景、文化背景和学习需求，教师需要根据学生的差异性设计个性化的教学方案，关注每个学生的学习进展和需求，并提供个别辅导和指导。

第四，汉语言文学教学还面临着评估和测量的难题。目前，对于学生对汉语言文学的学习成果进行评价的标准和方法并不统一，缺乏科学性和客观性。因此，教师需要与教育研究者和评估专家合作，开展科学有效的评估研究，为教学提供可靠的数据支持。

总而言之，汉语言文学教学在不断发展和变革中，适应了社会的需求和学生的学习需求。教师通过运用现代科技、创新教学方法和个性化教学策略，为学生提供更富有启发性和趣味性的学习体验。然而，教学中的挑战也需要教师和教育机构共同努力解决，以提高汉语言文学教学的质量和效果。

第二章　汉语言文学知识的教学

第一节　汉语言文学知识的语音教学

任何一种自然语言都是有声的。语音是负载着一定语义信息的物质外壳，它是一种特殊的生理现象和心理现象，同时也是一种特殊的物理现象和社会现象。

一、语音的属性

语音是了解和掌握一种语言最快的途径。语音是一种人体器官发出的、代表一定意义的声音。语音的形成经过了三个步骤，即生理环节的发音、物理环节的传递、心理环节的感知。语言先是语音，语音发自人声，是与思想有最直接的联系并体现自我存在，所以语音是第一性的，而文字只是将语音记录下来的符号，对于语言而言只能是第二位的。语音的形成过程与其他声音的形成有相似之处，如与管弦乐器的发音原理相似，而与灵长类动物的叫声更相似。因此，要区别语音与声音。语音是语言的物质外壳或存在形式，语言从它产生的那一天起，就是凭借声音来表达的。

语音和声音的区别，首先在于语音是人类的发音器官发出的声音；其次，语音可以通过"非在场"传递知识和经验，而语音则是体现易境性最常见的方式，如《红楼梦》"林黛玉进贾府"中对王熙凤入场的描写，体现出"未见其人，先闻其声"的现象，正是因为语音，把人物展现得淋漓尽致，让抽象的词和语法形式有现实的、可感的物质形式；最后，这种声音不仅是人发出的，也不仅仅是有意义的，还在于用于言语交际，起到传递信息的作用。例如，鼾声和笑声，都是人发出的，在某个场景中可以表示一定的意义，表示"熟睡"或"高兴"，但是不能用于言语交际。因此，语音是指人类通过发音器官发出来的、具有一定意义的、用来进行社会交际的声音。

（一）语音的属性特征

"语音的发音、传递、感知过程，反映了语音的自然属性特征，分别对应生理属性、物理属性和心理属性"①。语音生理属性关注语音是如何发生的，物理属性研究语音的物质特征，心理属性探讨语音是如何被听觉感知的。语音的生理环节着重于描写声音在人体中如何形成。由肺部发出的气流通过喉头和咽壁以后，需要人体的发音器官做出一定的活动，使口腔或鼻腔中的空气发生振动，再继续通过口腔或鼻孔流出，在这个过程中，气流可能被阻碍，或阻碍在某个点上，而且气流通过的空间形状，有不同的改变；气流也可能没有什么阻碍，只是口腔的形状和嘴唇的动作不同而已。形成声波传递出来后，再通过人体的感知器官，如耳朵、听觉神经等，感知到声音。语言交际功能的实现更多地依靠语音。

1. 语音的物理属性

一切声音的产生都源于发音体的振动。发音体振动时，会带动周围的空气或其他媒介，使之产生波动，形成了音波。音波传到人的耳朵里，使鼓膜产生相应的振动，刺激听觉神经，于是人们便产生了听到声音的感觉。音波的特征由音高、音强、音长和音色决定。

（1）音高。音高就是声音的高低，主要取决于发音体（声带）振动的频率。普通话中声调的差别主要由音高决定，取决于发音体振动的频率，所以音高也叫作音频。频率指发音体在单位时间内振动的次数。语音的高低和人的主要发音体声带的长短、厚薄与松紧密切相关。在同一时间内，振动的次数多，频率就高，声音也就高；振动次数少，频率就低，声音也就低。成年女性的声带长约 12mm，而成年男性的声带长约 17mm，因此，在相同的环境下，女生声带的振动次数多于男性，音高也就高于男性。

声调是具有区别意义的音高变化。声调是一种辨义成分，具有区别特征。从声调的角度而言，世界现存的语言中可分为有声调语言和无声调语言。汉语的声调可能是两三千年以前产生的。活的语言在变化，声调也在变化，声调系统不同，大脑的反应就不一样。语言中声调越多，对人脑中脑电波基于事件相关电位的刺激越多，那么有绝对音高能力的人的比例越大。

调值指音节高低升降曲直长短的变化形式，也就是声调的实际读法。调值的语音特点包括：第一，调值主要由音高构成，音的高低决定于频率的高低，声调是指相对音高，就是用比较的方法确定的同一基调的音高变化形式和幅度；第二，构成调值的相对音高在读音上是连续的，渐变的，中间没有停顿，没有跳跃。

调类是声调的种类，就是把调值相同的字归纳在一起所建的类。同一种方言中，有多

---

①　吴燕侠. 语言学理论实用教程 [M]. 成都：西南交通大学出版社，2020：30.

种基本调值就可以归纳成多种调类。例如，普通话有 4 种调类、上海话为 5 种、梅县话为 6 种、长沙话共 6 种、福州话为 7 种、广州话为 9 种、玉林话为 10 种。

（2）音强。音强是声音的强弱，用力大小，主要取决于发音体的振幅。音波振动幅度小，声音就弱，音波振动幅度大，声音就强。发音时用力强，物体振动的振幅就小，声音就弱；反之，亦然。例如，鼻音 n 与浊擦音 v，鼻音的振幅高于浊擦音；浊音的振幅也高于清音，这里涉及声音的强弱除了用力大小，还受通过共鸣器的气流大小影响。因此，从听觉的主观感受而言，声音强度也称为响度。响度就是从主观感觉上对声音强弱的判断。象征空间大小的元音排列顺序依次为［a］、［o］、［e］和［i］。语音符号的使用具有理据性，声音的弱化是声音的强度减弱的直接结果。例如，"种"读音有重轻模式（如"种子"）和轻重模式（如"耕种"）。

（3）音长。音长就是声音的长短，它决定于发音体振动的时间的长短。例如，广州话"三"［saːm］和"心"［sam］；"蓝"［laːm］和"林［lam］。音长的音位特征和表意功能主要体现在元音上。

有些语言的辅音也有长短对立现象，通过重叠相同辅音表示一种长辅音，如鄂温克语中 kaka（哥哥）、kakka（手镯），这两个词主要区别在于第二 k 的发音音长不同，"kk"属于辅音重叠。

（4）音色。音色又叫作音质、音品，是声音的特色，主要取决于声波振动的形式。不同的音色决定不同的音素。音色主要由三个因素决定，即发音体、发音方法和共鸣器。不同人的声音不同，形成不同音色，称为绝对音色。由于发音方法不同，即发音器官形成阻碍和解除阻碍的办法，形成相对音色。决定语音中音质的因素主要包括以下方面：

第一，发音方法不同——相对音色。发音方法是发音器官形成阻碍和解除阻碍的办法。例如，普通话中 b 和 p 的区别就在于送气和不送气的发音方法，汉语 pao（跑）和 bao（饱）中的 p 和 b 声音不同就是发音方法的不同。

第二，肺里呼出的气流在何种部位受到阻碍，如果没有阻碍，口腔的形状是何种形状，都会造成共鸣腔的不同形状。例如，［lǜ］（绿）、［lù］（路）的不同，就是因为发 ǖ 和 ü 时口腔这个共鸣腔的形状不同。

语音不仅在音质上有差别，而且在响度上也有差别。在音高、音强、音长、音色相同的条件下，声音的响度主要取决于气流通过共鸣器时的大小。浊音响度大于清音，元音的响度大于辅音，低元音的响度大于高元音。例如，a 的响度高于 i。

音质与音高之间呈现有规律的对应关系，低元音频率低，振幅就大；高元音频率高，振幅小。例如，［a］的音高比［i］小，而音强却比［i］大，所以感受到［a］发音较

[i] 轻松，声音也较 [i] 洪亮。音高越低，音长则越长，如汉语，上声的音长最长，其次是阴平，再次是阳平，去声的音长最短，但是汉语的音长并不具有区分意义的作用。音高与音强的关系是发音高，音强就强；发音低，音强就弱。

2. 语音的生理属性

语音由人的发音器官发出的，因此，发音器官的构造和运作就构成了语音的生理属性。语音的生理属性指语音是由人的发音器官发出来的，呼吸器官是发音的原动力，主要由肺、气管、支气管组成，发音体主要由喉头和声带这些发声器官充当。共鸣器主要有口腔、鼻腔、咽腔、喉腔，而口腔是发出语音最重要的调音器官。语音的发音机制由四个部分组成，主要包含以下方面：

（1）气流过程。几乎所有语音的能量都产生于呼吸系统中的肺气流，几乎所有的声音都是靠呼气完成。发音时，呼出气流强弱分为送气音和不送气音。例如，汉语中声母"p、t、k、q、c、ch"为送气辅音，而"b、d、g、j、z、zh"为不送气辅音。

（2）发声过程。发声过程主要由声道构成，控制声带的有三块软骨，即甲状软骨、环状软骨、勺状软骨，在此处产生清音和浊音。声带是否颤动分为清音和浊音。清音是指声带张开形成的语音，如汉语里的 f、s、x、sh、h；浊音是指声带振动形成的语音，如汉语里的 m、n、r、l。因此，浊音包括元音、浊辅音、鼻音、边音和半元音；清音有清辅音和清喉擦音。区分的另一个依据是语音的声波特征，即物理属性。例如，元音由有规则的声波构成，较悦耳动听，也称为乐音；辅音的声波较元音显得不规则，不太悦耳，称为噪音。

（3）口、鼻过程。气流通过声道分进入口腔或鼻腔两个部位。软腭的升降统辖着口、鼻过程，是口音和鼻音的一个区别因素。鼻腔通道关闭，气流从口腔中通过而发声称为口音。口腔通道关闭，气流从鼻腔中通过而发声称为鼻音。口鼻通道同时打开，口腔鼻腔同时发声就是鼻化音，用"~"表示鼻化音标记。

（4）调音过程。调音指发音，通过调节上声道构型、改变上声道形状和尺寸形成不同的语音。调音过程包括调音器官和调音方式，即辅音发音部位和发音方法。调音器官指声道中可以形成声音的部分，这些部分的组合可以形成不同的语音发音部位：被动发音部位和主动发音部位。被动发音部位有九个调音区，分别是：会厌、咽、小舌、软腭、硬腭、龈、龈后、齿、唇。在被动发音部位形成的语音依次有：小舌音、软腭音、硬腭音、齿-龈音、齿沿音、唇齿音、双唇音。

主动发音部位有六个：舌根、舌面、舌叶、舌下、舌尖、下唇，形成舌根音、舌面音（又分前、后）、舌冠音（包括舌尖、舌叶、舌下）、卷舌音。舌头变化使人们能做出的最快、最精确的动作。舌头是口腔中最灵活的发音器官，其突出作用是通过它的活动，能与口腔许多部位构成阻碍，阻挡气流，改变口腔共鸣器的形状，从而发出不同的音素。例如，舌尖和上齿龈或上齿背接触，能发出舌尖前音 [t]、[n]、[l]、[ts]、[s] 等，舌根与软腭接触能发出 [k]、[ŋ]、[x] 等，元音 [i]、[y]、[ɑ]、[o]、[u]、[ə] 等也与舌头的活动位置密切相关的。

声带既是最主要的发声器官，又是主动调音器官，用于调制喉塞音和喉擦音。喉头就成了调音与发声的交汇处。语音单位的差别是由发音器官的不同，发音时喉腔、口腔和鼻腔节制气流的方式和状况不同造成的，以汉语为例，根据形成阻碍和解除阻碍的方式不同分为：塞音（b、p、d、t、g、k）、擦音（f、h、x、sh、r、s）、塞擦音（j、q、zh、ch、z、c）、鼻音（m、n）、边音（l）。

3. 语音的社会属性

任何一个语音的定义不仅根据自然属性，也根据语音符号所反映的社会意义。语音的社会属性主要包括：①声音和意义之间的关系都是一对一的；②是一种即时反应，不能复述；③大部分动物的叫声都不代表逻辑思维，最多只是一种形象思维。一定的语音表达一定的意义，这是全体社会成员约定俗成的。社会属性是与自然属性相对的概念。从自然属性上观察，不同的语言有着不同的语音系统，语音单位的数量也不相同；从社会属性上观察，语言是文化的产物，但两者没有明显的同源性。

社会属性是语音的本质属性。语言是使社会团结在一起的一种更有效的方式。社会性主要体现在：①语音的形式和意义的结合是约定俗成的，两者之间没有必然的联系，如汉语中的"馒头"指称的食物，英语叫作"steamed bread"；②语音的指称对象表现出一定的民族特征和地域特征，如英语中 father 有父亲、神父等意思，而汉语中"父亲"没有神父的意思；③不同语言的语音有不同的系统特征，如西班牙语共有五个不同的元音，分为强元音：a、o、e，弱元音：i、u；英语的元音系统则有短元音 [æ]、[e]、[ɔ]、[ʌ]、[u]、[ə]，长元音 [i:]、[a:]、[u:]、[ə:]、[ɔ:]，双元音：[ei]、[ai]、[əu]、[au]、[ɔi]、[iɔ]、[eə]、[uə] 三个部分构成。

（二）语音的基频与共振峰

1. 语音的基频

只有一个频率的音，称之为纯音。平常听到的是包含若干纯音的复音。组成一个复音的若干纯音，它们的频率和振幅各不相同，其中频率最低、振幅最大的纯音就是基音，其他的都是陪音。对元音而言，陪音频率总是基音频率的整数倍，这样的复音听起来和谐悦耳，似乎是一个音，实际上是由若干纯音组成的。如果陪音频率是基音频率的非整数倍就是噪音，所以乐音和噪音的不同实际上是由基音和陪音频率比例关系的不同划分出来的。乐音是一种周期性出现重复波形的音波，噪音则没有周期性出现重复波形的音波。

基频就是基音的频率，它决定了整个音的音高，而它自己又取决于声带的振动。共鸣腔有各种各样的形状，其中被共鸣腔特别强化了的陪音，称之为共振峰。

2. 语音的共振峰

共振峰决定了整个音的音质，而共振峰本身又是由发音器官的形状决定的。元音的基频和共振峰没有依存关系，元音的音质决定于若干个共振峰的相对频率；可以是基频发生了变化，而共振峰的频率保持不变。

二、语音的最小记音单位

以汉语语音标汉语记音历史中出现过直音法和反切法，直音法，如盅音古，冶音也，苟音狗；反切法，如塑，桑故切（桑故反）；鲁，郎古切。明朝郭居静、利玛窦的"词汇表"和利玛窦、罗明坚的《葡汉辞典》，最早用西文字母标明汉语读音。利玛窦的《罗马字注音》和金尼阁的《西儒耳目资》是汉语最早的拉丁字母拼音方案，被称为后世一切汉语拼音方案的鼻祖，其系统性和在音韵学上的影响深远。1919 年前后创制注音字母，后改称注音符号。中华人民共和国成立后，汉语拼音方案使用了拼音字母进行标记语音。周有光是汉语拼音方案的主要制订者，并主持制订了《汉语拼音正词法基本规则》，被称为"汉语拼音之父"。

语音的研究离不开从成串的语音中对最小线性单位的分析和研究。可以从不同的角度切分和归纳最小线性单位。针对多种人类语言而言，"音素"是最小的线性单位；针对某一具体语言而言，"音位"是最小线性单位。但音素和音位都可统称为"语音单位"。语音分析的最小单位有"音素"与"音位"之分。

（一）语音的音素

从语音学角度观察，人类语音有共性特征，"音素"作为最小的语音单位，以语音的自然属性和人类语音共性作为研究对象，关注语音自然属性在语言系统中的作用。在 19 世纪末，语言学家对某具体语言历史对比研究转向关注人类语言共性特征归纳与分析，"音素"就是在此时被提上语言学研究的日程。随着研究的深入发展，目前国际语音学会把语音区分归纳为 120 多个音素和 30 多个附加特征。从语音的自然属性而言，每个人的发音都有其特点，在确定音素时，并非要把所有细微差别都加以区分。音素是根据发音的音质不同进行划分，音质不同，音素也就不同。世界上的语言有数千种，就某一具体语言而言，使用到的音素是有限的。

从语音学角度定义，音素是最小的语音单位，不能再划分，如汉语的"嗷（hoo）"爱"（ai），可分出［k］、［u］、［a］、［i］四个不同的音素，之后就不能再分了；英语"linguistics"则可以分出［l］、［i］、［q］、［g］、［w］、［i］、［s］、［t］、［i］、［k］、［s］，共 11 个音素，音素是根据语音的自然属性进行划分的，分为元音音素和辅音音素。

1. 元音因素

元音是指气流振动声带，在口腔和咽腔中没有受到阻碍，而且也不会引起任何声门以上器官的颤动而形成的音素，元音在口腔和咽腔中没有受到阻碍。元音音质的不同，是因为前后声腔的变化引起了不同的共振。元音前后变化，主要取决于舌面收紧隆起的最高点的位置的变化。因此，元音的分类是从舌头的哪部分作为发音主动者、舌头升高的高度和嘴唇的形状等三个方面进行区分。简言之，元音的不同是口腔这个共鸣腔的不同形状造成的。根据这三个方面的因素，整个元音系统可以分为：①根据发音动作者（舌头）分类的有三组，即舌尖前、央、后；②根据舌位高度分类的有四组，即舌位高、次高、次低、低；③根据圆唇分类的有两组，即非圆唇、圆唇。高元音、次高元音、次低元音、低元音又分别称为闭元音、半闭元音、半开元音、开元音。定位元音又称为基本元音、正则元音，其特点是有明确固定的舌位，其音值也是明确固定的。不同语言很少具有相同的元音位置，元音教学和研究既不能忽略相同点，也不能忽略相异点。

由于语音的发展，单个元音无法满足语言表达的需要，出现两个元音组合发音的情况，即在发音过程中，舌位会快速而平滑地从一个元音位置移动到下一个元音位置，这种元音称为复合元音，如西双版纳傣语因吸收部分汉语的词语而增加了一个复合元音［au］。复合元音与二合元音，从符号形式看相同，但是两个概念划分的角度不同。二合元音从语音的响度区分，指一个成节元音和一个非成节元音的组合。汉语普通话中的复合元音有 ai、ei、ao、ou、uai、uei 等。

半元音指比成节元音舌位低的非成节元音，如英语 year 中 ［j］ 在高前元音或次高前元音之前时发音时舌面前抬且前伸，yawn 中则相对低且不往前伸。同样的半元音还有［w］、［j］。

2. 辅音因素

辅音是指气流在口腔和咽腔中受到阻碍而形成的音素。任何一种语言辅音都比元音多。辅音的声学结构比元音的复杂，首先，辅音本身发音不具有区别性特征，因为辅音是元音开头或结尾的一种特殊发音方式；其次，辅音的共振峰起始点（音轨）由邻近的元音决定的。辅音的分类方式主要受三个因素影响，即声源、声腔、发音过程。辅音可以通过声带状态（浊音或清音）、发音位置、软腭凸起形成闭合（口音）或降低（鼻音）、发音方式来描写。

从声带状态而言，发音时声带颤动的辅音叫作浊辅音，不颤动的叫作清辅音。例如，普通话中清音辅音 f、s，却没有和清辅音相对的浊辅音，而英语里的 v、z 就是浊辅音。发出来的辅音是鼻音还是口音，取决于软腭（连带小舌）。软腭低垂，堵住口腔的通道，让气流从鼻腔出来，就产生鼻音；软腭上升，堵住鼻腔的通道，让气流从口腔出来，就产生口音。

从发音方式而言，辅音共有四种主要方式，即闭塞音、摩擦音、边音、颤音。闭塞音是由于气流在通道中某一点上完全被闭塞形成的语音；摩擦音是气流只能在某个收缩至只留一条细缝的共鸣器中流出形成的语音；边音是由于口腔通道的中间被闭塞了或受阻碍，气流只能从口腔的一边或两边留下的一个空隙中流出而形成的语音。

（二）语音的音标

音标是记录音素的标记符号。音标的制定原则是：一个音素只用一个音标表示，一个音标只表示一个音素。音标是在拉丁字母的基础上创制的，不够用就用希腊字母等补充，音标和字母不是一一对应关系。汉语拼音也是一种记音符号，但汉语拼音的字母符号与音素并不是一一对立的，如 a 代表了四个音素，i 代表了三个音素；另外，汉语拼音的运用还涉及一些比较复杂的拼写规则，如 i 和 u 在音节前要写作"y、w"，iou、uei、uen 与辅音声母相拼时要省略韵符等，所以汉语拼音与单纯的记音符号——标相比还有一定的距离。

国际音标记录语音有宽式音标与严式音标的区别。严式标音也叫作窄式音标，又称为音素标音，出现哪些音素就记录哪些音素，以方括号标示。宽式音标只记音位，用斜线标示。国际音标的特点主要包括：①遵循一音一符、一符一音的原则，将音素与标写符号一一对应，从而避免混淆和两可的现象；②以拉丁字母的小写印刷体为基础，必要时采用拉丁字母的大写、倒写、草写、合体或添加符号等办法来加以补充，或采用希腊字母，从而增强这套符号的灵活性和应变性。

（三）语音的音位

英语中的塞音 ［p］一般是清送气音，在 ［s］音后面的塞音发成不送气清音，但是在音标符号却是一样的，与 book、do、good 中〔b〕、〔d〕、〔g〕相比较，发音部位相同，发音方法不同在于声带在整个发音过程中都是振动的。再在与汉语普通话相比较，汉语中的塞音〔p〕，送气和不送气意义区别明显，pai、bai 的语音形式因为塞音〔p〕的送气与不送气形成的。不同语言语音系统的音标的区别性特征和指称的意义是不一样的，那么用相同的音标符号就无法说明语言的个性特征。因此，才有了音位、音系的概念。音位与音位学的创立，是结构语言学的一大发明，它发现了人是用不同的语音表达意义，并从不同的语音中领略同一意义。

音素是按语音的物理属性和生理属不同性划分出来的，而音位是从语音的社会属性的角度划分的。一般而言，音位是在音素的基础上归纳出来的，没有音素，也就谈不上音位。有的音位，总包含着多个音素，音位是对发音近似并且没有区别意义作用的数个音素的概括。音位是一般的，音素是个别的，一般总是通过个别来体现。一个音位，在具体的音节中总是表现为具体的一个音素，即音位实际上是抽象的，音素是具体的。例如，湖南、湖北南部部分方言中缺少〔l〕，在方言区的人们是可以正常交流的，并不受〔n〕还是〔l〕的影响。在英语中，北京读为 pak king，其中〔p〕、〔ph〕同为音位/p/，汉语粤语方言中"京"读成〔king〕。而在官话方言中，/u/可念成〔w〕和〔v〕，"万、伟、为、危、旺、闻"等开头的音，可以念作〔w〕，也可以念作〔v〕，如四川话。

简言之，一个音素只有一个发音动作，发音动作改变了，发音器官的形状随之改变，就发出了不同的音素。音位侧重于表示听话者对说话者对从单词中抽象出来的音素了解多少，音素表示听话者对说话者发音了解多少。

音位的基本思想是在具体的语言中，能够区别意义的音的数量是有限的，音位学把复杂的音、多数的音在变异的条件下归并整理为简单的、数量少的音，使语音系统简化，这对语言的研究、学习，特别是对拼音文字的制定很有意义，并且在印刷中可以节约大量的人力、物力。音位则是从区别词的意义的角度确立的语音单位，这种确立只注意那些与意义的区别相对应的语音差别，而对那些与意义的区别无关的音质上的差别则不加以考虑。

区分音质音位的目的在于研究语言中的元音系统和辅音系统特征。从音质角度进行区分意义的音位叫作音质音位，又叫作音段音位。音段音位是语流中有一定音长的最小语音单位，即是语言中的元音和辅音。在语音的物理属性中，除了音质特征外，还有音高、音长、音强的特征，这三个特征在不同的语言中也具有区别意义的作用。把能够起区别意义作用的音长、音高、音强和停顿等特征称为超音质特征、超音段特征或超音段音位。因为超音段特征一般用于描述语音的长短、高低、轻重、停顿，所以超音段传统上也被称为节律，而超音质特征又被称为"节律特征"。例如，汉语的轻声实际是反映音强的轻重，但是具有区别意义的作用。

1. 音位的归纳

从 19 世纪末音位的概念形成以来，各种不同的学派在音位归纳的问题上有不同的原则和方法，但目前大家广泛接受并普遍采纳的原则有：对立原则（语音辨义功能）、互补分布、音感差异，这种对音位的描述划分，应遵循的原则主要包含以下方面：

（1）音位对立原则。归纳音位的方法，通常是把一些音放在相同的语音环境中来进行替换，看它们是否能区别意义，凡属能区别意义的音，就分别归纳成不同的音位，否则是同一个音位，这一条原则着眼的是音位的"分"。如果某种语言的语音差异可以造成意义的不同，这样的语音差异就有音位的对立，构成这种差异的语音特征就叫作"区别特征"，如"巴"［pA55］和"趴"［pʰA55］的声母就存在着音位的对立。

（2）互补分布原则。一个音位往往包含一些不同的音，即属于同一个音位的不同语音形式，这些音就叫作这个音位的音位变体。音位变体是一个音位的抽象功能单位，由一组在发音上相似，但互相补充，因而能够互相区别的具体音素。变体可有一个，也可有多个，一般选用一个常见、好认、便于印刷的符号做代表，用"//"表示，音位和音位变体的关系是类别与成员的关系，也是一般与个别的关系。

不同的语音形式可以用音素来标示，也可以是其他形式，如音高形式、音重形式、音长形式。属于同一个音位即不区别意义。例如，汉语的上声，一般音高形式是 214，但两个上声音节连读时，前一个上声音节的音高变成 35；在非上声音节前连读时，就变为 21。所以 214、35、21 这三种音高形式就是上声的三个音位变体。音位变体一般分为条件变体和自由变体两类。例如，汉语中/a/与变体形式［a］、［A］、［ɑ］、［ɛ］。从音位变体分布状态而言，音位变体分为自由变体和条件变体。自由变体属于同一个音位但可以自由替换的音位变体。自由替换是指各个音位变体可以出现在相同的条件下，可以互相替换而不改变意义。自由变体反映出不同语言音系的独特性。说普通话的人很容易按照普通话的音系特征觉察出发音的不同，而汕头话、平话语言系统中［n］与［ŋ］，［n］与［l］自由变体是自由互换不影响意义。条件变体属于同一个音位且具有互补关系的音位变体是音位的条件变体。互补关系是指各个音位变体只出现在不同的条件下，不出现在相同的条件下。

音位对立原则着眼的是音位的"合"，即是整合，减少记音的数量。"互补分布"指的是音位变体的分布状况，音位的不同条件变体各有自己的分布条件，绝不出现在相同的位置上，因而它们的分布状况是互相补充的，这就叫作"互补分布"。例如，普通话中/a/的音位变体［a］、［ɛ］、［A］、［ɑ］就是处于互补分布中的。

（3）音感差异原则。处于互补分布状态的多个音素，如果语音相似，那么这些音素可以归为同一个音位；如果听起来音感差异很大，那么即使是呈互补分布状态，也应归为两个音位。普通话语音系统中的［m］和［ŋ］呈现互补分布状态，［m］只位于音节的开头，［ŋ］只位于音节的末尾，但它们在北京话的音感中差异较大，所以还是归为两个音位。没有任何一种语言的符号能完成记录它的音位。因此，如何标记世界上诸多民族语言的音位，是语言学家们孜孜追求的目标。

2. 语音学与音系学

语音学与音系学、音韵学、类型学、社会语言学等学科有交叉之处。语音学的学科分支较多，且研究角度差异较大，但都需要经过实验分析。实验语音学的研究离不开录音、测量、数字、计算等实验程序。实验语音学是大语音学，而研究语言发音的语音学仅是大语音学中的一小部分，可称为语言学语音学或音法学。

语音学是研究语言发音的学科，主要研究内容包括：人类语音发生的特点，语音的声学性质与感知，语音单位的结构和功能以及语音的各种变化规律等三个方面。音系学是研究语音系统的学科，主要考察语音模式、音系结构、音系变化的规律等。音系学研究语音使用和组合成语言单位的规律。简言之，音系学研究有区别意义的语音的组合规律，描写语言的个性特征，涉及语音符号的意义，其基本单位是音位。

三、语音单位的组合

（一）音节的组合规律

音系序列是以音节为支配基础，任何一种语言都有音节结构。以元音作为核心的音节共有四种基本结构类型，即 V、C-V、V-C、C-V-C，其中 V-vowel 代表元音，C-consonant 代表辅音。以元音收尾称为开音节，以辅音收尾称为闭音节。音节划分规则，又称为"CV"规则，指在一个 VCV 或 VCCV 序列中，最大限度地把 C 或 CC 划归下一个音节的节首，而不是前一个音节的节尾。对于"C"的称呼在不同的语言中名词又各不相同，如汉语称为声母，而韩语称为首音，英语称为节首。在特定的语言中，不同的音位在音节里所能占据的位置可能不同。有的音位在音节中的出现位置是固定的，它们只能在音节的某一位置上出现；有的则是不固定的，它们可以在音节的不同位置上出现。

每种语言的音节结构都有自己的特点。例如，汉语普通话和英语，二者在音节结构上就存在着一些明显的差异，普通话虽然同英语一样，也具备 V、C-V、V-C、C-V-C 这四种音节基本类型，如"衣"是 V 型，"比"是 C-V 型，"音"是 V-C 型，"民"是 C-V-C 型，但其中的辅音 C 都不能扩展，也就是说汉语普通话没有复辅音。

从音节的物理特征而言，音节结构与响度有着密切的联系。响度指在时长、重音、音高相等的条件下，一个声音对于其他声音的音量大小。在语音音素的响度从高到低依次是：元音、滑音、流音、鼻音、浊擦音、清擦音、浊塞音、清塞音。因此，从声学的角度而言，一个音强增减过程就是一个音节，音节就是声音的音强由弱到强再转弱的过程，而处于音强峰值阶段的音被称为领音。每个音节必须且只有一个领音。领音不一定是元音，但是元音都可以成为领音。例如，有些音节可以没有元音；有些辅音可以自成音节。

从音响角度而言，一个音节可以分为领音、起首音、收尾音和过渡音。汉语的音节类型包括：领音、起音+领音、领音+收音、起音+领音+收音。普通话闭音节中的收尾辅音只能是鼻音，而英语没有这样的限制，除了鼻音之外，塞音、擦音、塞擦音、边音也都可以做闭音节中的收尾辅音。普通话音节中的音素最多不超过四个，英语就没有这样的限制。另一个影响音节划分的因素是重音。重音指派位置不同，音节划分的位置则不同。

（二）语流音变

在连续的语流中某些语音成分受言语环境的影响而发生某些变化的现象，叫作语流音变。常见的语流音变现象有同化、异化、弱化、脱落等。

1. 同化

语流中两个不同的音，其中一个因受另一个影响而变得跟它相同或相似，这种现象叫作同化。一般而言，同化现象都是为了使发音顺口而产生的。同化现象可以发生在一个音节之内，也可以发生在两个音节之间。同化按同化音与被同化音位置的前后又可分为顺同化和逆同化。由前面的音影响后面的音而产生的同化叫作顺同化；由后面的音影响前面的音而产生的同化叫作逆同化。

2. 弱化

语流中有些音在发音上变弱，这种现象叫作弱化。所谓强弱，是就发音的阻力而言的。辅音的发音阻力是清音强于浊音，塞音、塞擦音强于擦音、鼻音、边音、颤音；元音的发音阻力是前后元音强于央元音，低元音强于高元音，复元音强于单元音，长元音长于短元音。汉语中的轻声是一个语音弱化的表现。

3. 异化

语流中两个相同或相近的音，其中一个音受另一个影响而变得不相同或不相近，这种现象叫作异化。一般而言，异化现象通常是使音节分界清晰。例如，北京话慢+慢儿→慢慢儿，"慢"的韵尾受后面鼻辅音的影响，由鼻辅音异化为元音。汉语普通话常见的是声调的异化，如两个上声音节连读时，前一个上声音节的音高变成近似阳平的调值，如"土改"发音时音同"涂改"。汉语中，和"不"的变调，在单念或用在词句末尾，以及"一"在序数中，声调不变，读原调；在去声字前读半上调。

4. 脱落

语流中某些原有的音消失了，这种现象叫作脱落。脱落常出现在语速较快的话语里而且往往是进一步弱化的结果。北京人说话，在语速较快时轻声音节常会出现一些脱落现象，如汉语的"豆腐"［dòu fu］读成［dòu f］；"东西"［dōng xī］读成［dong x］；"我们"［wǒ men］读成［wǒ m］。

5. 增音

增音指在语流中增加原来没有的音。语音同化是导致增音的一个原因。增音类型可分为历时增音和共时增音，如著名的元音大变移中的长元音双元音话属于历时增音。

（三）语调

任何语言都有语调，语调在句子中起着表情达意的重要作用。关于语调的定义分为广义和狭义。广义的语调指除音高外，还包括音长、音强、停顿、节奏等语音特征。因此，广义的语调包括句调位（即句调）、句重位、句时位和句顿位。句重位即句重音，又分为节律重音和逻辑重音。句时位与语速快慢有关，语素慢有舒缓之意，语素急促有激动之意。句顿位指句子中由于停顿位置不同而产生不同语义。狭义的语调指句子中音高的变化，又称为"句调"。虽然语调与声调都以音高作为研究分析的参数，但两者不在同一个平面，语调处于句子平面，声调处于词平面。如何将汉语中复杂的音高模式分解还原为声调和语调，仍是汉语研究和对外汉语教学需要深入探究的问题。

汉语普通话的声调是指音节的高低升降的变化形式，也叫作字调。在词平面上，调位、重位与时位称为非音质音位，区别于由音素成分构成的音质音位。句调是句平面上的非音质要素，句调与语气、句类紧密相关。例如，汉语中陈述句、祈使句和感叹句一般是降调，而疑问句是升调。韵律又称节律，韵律特征也称为超音段特征。汉语韵律特征主要由音高、音长、音强等特征相互组合、协调，构成轻重音、停延、语调、节奏等语音表现形式。

第二节 汉语言文学知识的词汇教学

一、词汇的构成

（一）语素与词汇

"词汇是语言的重要组成部分，人们平常使用语言进行交际，无论是同时同地的口头交际，还是异时异地的书面交际，都离不开词语"①。人们交流思想，用词造句非常重要，对句子加以分析，就可以得出一个个有意义的能自由运用的最小的造句单位，这就是词。例如，他｜能｜说｜标准｜的｜普通话，这个句子可以划分为六个组成单位，也就是六个词。每个词都表示一定的意义，同时它们也是自由地运用在句子里的，可以单独使用。

在组成上面句子的六个词里，"他""能""说""的"内部只有一个构词成分，在意义上是不能再分的最小单位。"标准""普通话"可以再分为"标""准""普""通""话"等有意义的最小的单位，但是分开之后，它们不能自由运用，即一般情况下不能单说或单独用来作造句的单位，这种造词的最小的意义单位就是语素。

因此，词汇是有意义的能自由运用的最小的造句单位。而词汇是由语素构成的。语素是有意义的最小的构词单位，"有意义"是指语素都具有一定的意义。有的语素具有词汇意义，如"普"是"普遍、全面"的意思。有的语素虽没有词汇意义，但却具有语法意义，如"们"用在代词或指人的名词后面，表示复数，如"我们、你们、同志们、老乡们"等。"最小的"，是指语素不能再进行划分。若硬性划分，划分出的单位或没有意义，或有意义但与原语素的意义没有关系。例如，"琵琶"是一个语素，划分开以后"琵"和"琶"分开看完全没有意义；再如"巧克力"，划分开以后，虽然"巧""克""力"都具有一定的意义，但它们的意义和译音的食品名"巧克力"没有任何关系。可见，语素都有意义，而且不论是单音节的还是多音节的语素都不可再进行划分。

语素和词汇都是语言中的意义单位。但语素表示的意义往往不具体，或不固定；词表示的意义明确、固定。例如，"经济"一词的意义是明确而固定的，但作为语素的"经"和"济"的意义却不明确，并随着构成不同的词而发生一定的变化；又如"神经""经

---

① 潘伟斌，何林英，刘静，等. 现代汉语言文学研究的多维视角探索［M］. 长春：吉林大学出版社：2019：10.

营""经常"中的"经"意义都不相同。所以，学习这方面的知识是为了能准确地理解和掌握词语的含义。

有的语素能够单独成词，也能够同别的语素构成一个词，如"人"能够作为一个词单用，也能够构成"人民、人才、工人"等词；有的语素不能够单独成词，只能够同别的语素构成一个词，如"美丽、腐败"等词中的"丽"和"腐"；有的语素只能单独成词，不能同别的语素构成一个词，如"吗、呢"。

词汇是造句单位，语素是构词单位，两者都是语言单位；而字是记录语言的符号，是书写单位。一个字记录的有时是一个语素，如视、览、往等；有时是一个词汇，如山、水、人等；有时既不是语素，也不是词汇，如玻、霹、葡等。

语素可以分成单音节语素、双音节语素和多音节语素。用一个音节表示的语素叫作单音节语素，如我、们、花、言、联、美；用两个音节表示的语素叫作双音节语素，如噼啪、蝈蝈、徘徊、坎坷、窈窕、雷达、咖啡、扑克；用三个或三个以上音节表示的语素叫作多音节语素，主要是一些外来词，如麦克风、白兰地、奥林匹克、歇斯底里、布尔什维克。由此可见，辨别一个语言单位是不是语素，不在于音节的多少，主要在于它是不是表示一个最小的不能再分割的意义，是不是最小的语音语义结合体。

（二）单纯词与合成词的构成

由一个语素构成的词叫作单纯词，如"我、菠萝、白兰地、奥林匹克"等；由两个或两个以上语素构成的词叫作合成词，如"人民、普通话等。

1. 单纯词的构成

单纯词根据音节的多少，可以分为以下方面：

（1）单音单纯词。由一个音节构成的词，如天、地、人、我、三、不、吗、是等。

（2）多音单纯词。首先，联绵词是古汉语中遗留下来的，由两个音节连缀成义的词。是一个语素，不能再拆开，主要类型包括：①双声联绵词，指两个音节的声母相同的联绵词，如玲珑、恍惚、仿佛、忐忑、吩咐、秋千、琵琶、尴尬；②叠韵联绵词，指两个音节的韵母相同的联绵词，如烂漫、从容、彷徨、苗条、逍遥、螳螂、哆嗦、窈窕；③其他，即非双声、叠韵的联绵词，如芙蓉、囫囵、玛瑙、马虎、窟窿、疙瘩、蝴蝶、蝌蚪。其次，拟声词也叫作象声词，是通过模拟自然声响而形成的词，如叮当、吧嗒、哐当、知了、乒乓、布谷、叽里咕噜。再次，叠音词由某一个音节重复出现构成的词，其中重叠的每一个部分都只是不表意义的音节，重叠后才整体表意，如悄悄、茫茫、冉冉、猩猩、侃侃、潺潺、翩翩、匆匆、依依。最后，音译词是完全记录外语词语声音的外来词。音译词

中每个音节只单纯地记录声音，不单独表意，如咖啡、沙发、夹克、巧克力、麦克风、奥林匹克、可口可乐、哈姆雷特

2. 合成词的构成

合成词，是由两个或两个以上的语素按照一定的组合方式构成的词。合成词包含的每个语素都表示一些意义，合起来表示一个整体意义。但不是任何两个或两个以上的语素任意放在一起都可以组成词的，语素与语素的搭配要遵守一定的规则。在现代汉语中，合成词的数量占有绝对优势，掌握合成词的内部构成方式，可以极大地提高运用词语的实际能力。合成词的构成方式主要包含以下方面：

（1）复合法。复合法是两个或两个以上具有词汇意义的语素组合成词的方法，它是汉语中最常见的，也是最能产的一种构词方式，所以由复合法构成的词在汉语词汇中占明显的优势，而且复合法构成的词多为双音节词。根据复合式合成词内部语素与语素之间的关系，可将其分为以下方面：

第一，联合式也叫作并列式，前后两个语素之间是并列关系，而且在意义上相同、相近或相对、相反，如朋友、语言、斗争、明亮、刚才。

第二，偏正式在意义上以后一个语素为主，前一个语素修饰、限制后一个语素，如圆桌、优点、深造、京剧、唐诗、前进、回顾。

第三，支配式也叫作动宾式，前一个语素表示动作、行为，后一个语素是动作或行为所支配的对象，如带头、有限、干事、守旧、将军、立春。

第四，补充式在意义上以前一个语素为主，后一个语素补充说明前一个语素。有些是后一个语素从程度、结果等方面补充说明前一个语素，如缩短、治安、提高、完成、改正、说明。有些是后一个语素从表量单位的角度补充说明前一个语素，如船只、信件、书本、车辆、羊群、马匹。

第五，陈述式也叫作主谓式。前一个语素表示人或事物，后面的语素是陈述说明这个人或事物的。通俗地说，就是前一个语素表明"谁""什么"，后一个语素陈述"怎么样"，如春分、自卑、心疼、地震、面熟、日出。

（2）附加法。在表示词汇意义的语素上附加上表示语法意义或感情色彩的语素。表示词汇意义的语素是附加法合成词的表意中心。附加法的分类主要包括：

第一，前附加式，在表示词汇意义的语素之前加上附加成分，常用的前附加式包括老、小、阿、第、可、非等，如老虎、小王、阿姨、第

三、可笑、非金属等。

第二，后附加式，在表示词汇意义的语素之后加上附加成分，常用的后附加式包括：

子、儿、头、者、家、士、化、然等，如孩子、画儿、木头、记者、作家、绿化、博士、惯性、茫然。

第三，重叠法，利用重叠某个有词汇意义的语素的方法，如星星、刚刚、天天、常常、慢慢。

二、词汇的词义分类

语言里每个词都表示一定的意义，有的是词汇意义，有的是语法意义。词是语音和语义的统一体。词的意义是人们在长期的交际过程中约定俗成的。说"桥"就知道他指的是架在河面上，把两岸接通的建筑物；说"饿"，就知道他表达肚子空，想吃东西的意思，这就是所谓的"约定俗成"。词汇的意义是使用这种语言的人共同理解的。正因如此，交流思想才是可能的。如果人们对彼此使用的词理解得不一样，交流思想就发生困难了。

词义与社会的发展是分不开的。社会在不断进步，社会生活在不断改变，人们对客观事物的认识不断发展和提高。因此，反映客观事物或现象的词义往往会发生变化。例如，"口红"这个词，原来指的是"用来涂在嘴唇上使颜色红润的化妆品"。而现在随着人们审美情趣的多样化，出现了银白色、紫色、深蓝色等各种颜色的口红，现在解释"口红"一词的意义就要去掉"使颜色红润"这一含义，变成"用来涂在嘴唇上的化妆品"，这样才比较准确。学习词汇的意义，应该了解词义的变化，以便更准确地理解和运用词语。例如，"江""河"古代分别专指"长江""黄河"，而现代泛指一切江河；又如，"齿"原义指"门牙"，而现在泛指牙齿。前述这些是词义扩大的情况。例如，"金"原泛指一切金属，《荀子·劝学》中"金就砺则利"的"金"后来专指金子，这是词义缩小的现象。此外，有些词汇现代和古代的意义产生了很大的转变。例如，"闻"，古代指用耳朵听，现在的意义是指用鼻子辨别气味；"可怜"古代有"可爱"的意思，如白居易的《暮江吟》中"可怜九月初三夜，露似真珠月似弓"，"可怜"现在的意思是"值得怜悯"，这是词义的转移。

（一）同义词与反义词

1. 同义词

（1）同义词的分类。意义相同或相近的一组词叫作同义词。同义词包括以下方面：

第一，等义词。两个词无论从哪一方面而言，意义都相同，在语言中可以换用，这样的词在词汇里较少，可以称为等义词。例如：

演讲——讲演

感情——情感

气力——力气

觉察——察觉

第二，近义词，这类同义词意义并不完全等同，因此也有人称为近义词。实际上，一般而言的同义词就是指的这类同义词。同义词在表意上虽有一定的共同点，但它们毕竟不是同一个词，在表意大致相同的情况下，又往往存在着各个角度上的细微差别，这种情况在词汇中大量存在，需要在运用中细心地分辨它们的各种差别，从而准确地选择使用词语。例如：

母亲——妈妈

发明——发现

事情——事件

严厉——严格

差别——差异

黑暗——阴暗

（2）同义词的作用。汉语有大量的同义词，掌握较多的同义词，并能准确、恰当地运用，对于增强语言的表达效果有积极作用，主要包含以下方面：

第一，同义词可使语言丰富多变，表达精确、严密，还可以避免用词重复。

例如：金顶为峨眉山最高峰，……黎明时，地平线上，几缕红霞射上天际，映红半空。俄而，一轮红日冉冉升起，光芒四射，直逼人眼，顿时，山河添彩，群峰增媚。

例句中的同义词"俄而/顿时"，不仅使表达避免了重复，而且使表达错综有变，波澜起伏，极大地增强了感染力。

第二，同义词连用可以加重语气，达到强调的目的。

例如：无论有几十桩毛病，几百条缺点，但是到了是非黑白的紧要关头，爱和憎是强烈而鲜明的。

例句中前面的两句话意思相同，但用了两个同义词"毛病/缺点"，突出强调了作者的思想感情。

2. 反义词

反义词是指意义相反或相对的一组词。在语言运用中，反义词有助于使表达的意义构成鲜明的对比，从而揭示事物的矛盾。在语言运用中，并不是每个词都有反义词，如表示事物的一些词，"电视、桌子、杂志"等就没有反义词；另外，也不是所有的对立意义都用反义词形式表达，如"好"对立意义可以是反义词"坏"，也可以是否定表达形式"不好"。

反义词是就词与词的关系而言的，不是就词与词组的关系而言的。所以一个词和它的否定形式不构成一组反义词，如"干净"和"不干净""热"与"不热""乱"与"井井有条"等虽有反义关系，但不是反义词。因为"不干净""不热""井井有条"都是词组。

（1）反义词的类型。反义词的类型主要包括：

第一，绝对反义词也叫作矛盾反义词，这类反义词在性质上完全互相排斥，没有中间状态，否定了甲，就肯定了乙；肯定了甲就否定了乙。例如：

战争——和平

生存——死亡

阴性——阳性

一般——特殊

动——静

生——死

曲——直

"生"和"死"是绝对排斥的。不是生，就是死。没有既不是生，也不是死的第三种状态。

第二，相对反义词也叫作对立反义词，这类反义词中间有中间状态，否定了甲，不一定就能肯定乙。例如：

朋友——敌人

先进——落后

黑夜——白天

喜爱——厌恶

上——下

黑——白

左——右

大——小

"黑"和"白"是相对反义词，说白，就否定了黑；说黑，就否定了白。但不是白的，却不一定就是黑的，因为还可能是红的、绿的等。"黑白分明""混淆黑白"中，"黑"和"白"是反义词，在"红白喜事"中，"红"和"白"又成了反义词。

多义词的各个义项的反义关系比较复杂，由于各个义项的侧重点不同，往往有不同的反义词，如"沉重"，说"脚步沉重"，反义词是"轻快"；说"心情沉重"，反义词则是

"愉快"。又如"快"从"速度高"的角度而言,它的反义词是"慢";若从"锋利"的角度而言,它的反义词是"钝"。

同义词可以有共同的反义词,如"胜利"和"成功"的反义词是"失败";"黑暗""阴暗"是同义词,它们的反义词是"光明"。

(2)反义词的作用,主要包括以下方面:

第一,有鲜明的对比联想作用,揭示事物的矛盾,形成意思的鲜明对照和映衬,从而把事物的特点深刻地表现出来。

例如:在九寨沟的湖畔,人们体会到了朴实的艳丽;在九寨沟的丛林,人们又能感受到宁静的热闹。在这里朴实和艳丽,宁静与热闹:是那样的和谐,是如此的得当。

通过反义词的巧妙对比,形象鲜明地刻画了九寨沟的特点,生动地说明了事物间相反相成的辩证关系,使语意含蓄而深刻。

第二,多组反义词连用,可以起到加强语气,强调语意的作用。

例如:青岛的建筑大师们,按照意境创造与鉴赏中的原理,不断总结建筑实践中的得与失。针对隐与显、藏与露、动与静、主与宾、强与弱、枯与荣、浓与淡、工与拙、少与多、浅与深等对立因素,进行了卓有成效的研究,在已有的各式建筑的基础上,千方百计施以工巧,使原有的桥、坊、楼、馆、商市、园林错落有致。

上述例子酣畅淋漓地连用了 12 组反义词,把青岛建筑的工巧及风格各异的特征鲜明地表现出来。多义词的连用体现了作者对青岛建筑的深刻,流露出作者的喜爱、赞赏之情。

(二) 单义词与多义词

1. 单义词

有的词只有一个意义,这就叫作单义词,这种词无论用在哪里,都表示一个意义。科学术语、专有名词(人名、地名、国名等)、常见事物的名称大多是单义词,如"鞋""氢""玉米""声母""原告""鲁迅""北京"等都是单义词。

2. 多义词

多义词是指具有两项或两项以上的词义的词,多项不同的词义之间存在着互相的联系,把这种现象称为一词多义。汉语里大多数词都具有多义性,凡是历史长久,使用比较频繁的词,词义也就比较多。例如,"浅"的含义主要包括:①从上到下或从外到里的距离小(跟"深"相对),如水浅、屋子的进深浅;②浅显,如这些读物内容浅,容易懂;

③（感情）不深厚，如交情浅；④浅薄，如功夫浅；⑤（颜色）淡，如浅红、浅绿；⑥（时间）短，如相处的日子还浅。如果想要了解多义词的意义，学生最好多查词典。虽然有些词的义项比较多，但如果能联系上下文，词的意义并不是很难理解，因为多义词一旦用到具体的语言环境里，它的意义就显个能够确定。

（1）多义词各种义项间的联系。一个多义词的各项意义之间是相互关联着的，各项意义之间的联系，有的直接，有的间接，有的密切，有的疏远，这些差异，使各项意义之间既互有联系又彼此独立。多义词的多个意义的地位并不是完全相等的，其中必然有一个意义是基本的、常用的，叫作基本意义；其他的意义是由这个意义发展转化而来的，叫作转义。

第一，基本意义，也称词的本义。通常，在词典中，第一个注释的词义往往是本义。

例1：吹风，含义包括：①被风吹，身体受风寒；②洗发后，用吹风机吹到头发上，使干而伏帖；③有意识地从旁透露意见或内容使人知道。

例2：破坏，含义包括：①使建筑物等损坏；②使事物受到损害；③变革（社会制度、风俗习惯等）；④违反（规章、条约等）；⑤（物体的组织或结构）损坏。

例3：光明，含义包括：①亮光；②明亮；③比喻正义的或有希望的（事物）；④（胸襟）坦白；没有私心。

以上例词，第一个词义都是本义。多义词的本义，一般不依靠上下文也能显示出来。

基本义是指常用的意义，基本义往往是它的最初意义，但也有不一致的情况。例如，"蓝"，现在的基本义是"像晴天天空那样的颜色"，但在古代"蓝"的意义是"一种草本植物——蓼蓝"，如《荀子·劝学》："青取之于蓝而青于蓝"，这是"蓝"最初的意义；又如，"谢"的最初意义是"道歉"，现在只有在保留的古语词中才有这个意义，如"谢罪"等，但在现代汉语中，"谢"的基本义是"感谢"。

掌握词的基本义是学生了解多义词词义的良好方法，因为多义词的词义无论有多少项，都是从一个基本意义直接或间接发展出来的，掌握了多义词的基本义，根据具体的语言环境，可以推断出发展引申出来的意义，所以掌握多义词的基本义十分重要。

第二，转义。一个多义词，可能有多个转义，但都是从一个共同的本义发展出来的。一般而言，多义词的转义主要包含以下方面：

首先，引申义，一般是指由本义发展出来的意义。

例1："宽"的含义主要包括：①横的距离大（跟"窄"相对），如马路很宽；②放宽，使松缓，如听了他的一席话，心就宽了一半；③不严厉，不苛求，如对他要从宽处理；④宽裕、宽绰，如生活水平提高了，手头比过去宽多了。

第一个含义是基本义，后面三个都是引申义。

例2："跑"的基本意义是"两只脚或四条腿迅速前进"，继之推演为"为某种事务而奔走"的意思，随之又推延出"物体离开了应该在的位置"的意思等。

其次，比喻义。比喻义是通过用本义打比方的办法形成的意义。

例1："结晶"的基本义是指物质由液态或气态形成晶体的现象，也指形成的晶体，它的比喻义是"珍贵的成果"，如这本著作是他多年研究的结晶。

例2："包袱"的基本义是指包衣服等用的布，也指用布包起来的包儿，它的比喻义是"影响思想或行动的负担"，如他犯了错误后一直背着沉重的思想包袱。

例3："主角"的基本义是指戏剧、电影等艺术表演中的主要角色或主要演员，它的比喻义是"主要人物"。

词的比喻义往往是由词的比喻用法逐渐固定下来而形成的，词的比喻义与修辞上的比喻不同。比喻义是通过打比方的用法产生出来的新义，是词的一种已经固定下来的意义；而比喻修辞则是临时使用的，离开一定的语言环境，这个意义就不存在了。恰当地运用词的比喻意义，可以使语言生动。例如，在"他看不到前途，眼光太近视了"这句话里，把"目光短浅"比喻为"近视"，显得很形象。

（2）多义词和同音词。多义词的多个意义之间总有一定的联系，如果多个意义之间没有联系，那就一定不是一词多义现象，而是多个不同的词了，哪怕它们的读音、字形完全一样，也只能是同音词的关系。例如，"花朵"的"花"和"花钱"的"花"，"绳索"的"索"和"求索"的"索"，"开会"的"会"和"能说会道"的"会"，在意义上都没有联系，所以它们是同音词的关系。因此，同音词是语音相同而意义不同（而且意义间无任何关联）的词。按书写方式，同音词的分类主要包含以下方面：

第一，同形同音词，书写形式相同的同音词叫作同形同音词。

别1：别了，我的老朋友！

别2：请别上校徽！

别3：你就别去了。

别4：真是别具一格。

上例四个"别"意义上无任何关联，只是书写形式相同的同音词。

第二，异形同音词，书写形式不同的同音词叫作异形同音词。例如，公式、公事、工事、攻势、宫室；预言、寓言；意义、异议。

三、词汇的运用

（一）辨析词汇的意义

1. 衡量语义的轻重

有些同义词表示的事物概念虽然相同，但在某种特征或程度上，有轻重的差别，如"轻视"和"蔑视"都有"看不起"的意思，但"蔑视"的含义比"轻视"重；"请求"是一般的要求，含有尊重和坚定的意思，而"恳求"是恳切的要求，含有诚恳和迫切的意思，词义重；"希望、盼望、渴望"，虽然都有想要达到某种目的的意思，但"希望"只是一般地表示愿望，"盼望"就加强了主观愿望，"渴望"则更进一步表示主观愿望的强烈程度。以下词语表示的词义轻重略有不同。例如：

词义轻：功劳、缺点、违背、失望

词义重：功勋、错误、背叛、绝望

2. 辨析不同的义项

有些同义词有相同的语素，也有不同的语素，词义的差别表现在不同的语素所表达的不同意义上。例如，屹立、矗立、耸立，相同的语素是立，不同的语素是"屹""矗""耸"，这三个语素的意义不同：屹，高而稳；矗，高而直；耸：向上突出。

下列词语表示的词义侧重点也有不同。例如：

领会——领悟

稳定——稳固

侵占——侵犯

精明——精悍

爱护——爱惜

珍爱——珍惜——珍视——珍重

3. 掌握范围的大小

有些同义词的词义范围大小不同，有的表示的范围大，有的表示的范围小。例如，"边疆"和"边境"都是指远离内地靠近国境的地区，但两者意义范围不完全相同，"边疆"是指靠近边界的领土，范围比较大；"边境"是指紧靠边界的地方，范围比较小；又如，事情，所指范围大，常泛指一切事；事件，所指常是历史上或社会上发生的重大事情，范围较小；事故，所指通常是偶然发生的不幸的事情，范围小。

以下词语表示的范围大小都有不同。例如：

范围大：时代、局面、灾难、节约、表扬

范围小：时期、场面、灾害、节俭、表彰

另外，还须注意有些同义词所指虽然是同一事物，但其中有的指个体，是具体的；有的指集体，是概括的，不能混用。例如，信件，指很多的信，是集体的；信：指具体的信，是个体的。

以下词语表示的意义有集体和个体的不同。例如：

集体：树木、布匹、花朵、书籍、船只

个体：树、布、花、书、船

4. 明确适用的对象

有些同义词，适用的对象不同。例如，"爱戴与爱护"，"爱戴"用于晚辈对长辈或下级对上级，"爱护"则与之相反；又如"摧残与摧毁"，"摧残"多用于有生命的人或物，"摧毁"多用于无生命的事物；还有"阻挡与阻碍""华丽与壮丽""改正与改进""赡养与抚养""发觉与发现"等，都有不同的适用对象。

（二）区分词汇的色彩

1. 区分词汇的感情色彩

有些同义词的基本意义相同，只是感情色彩不同，有的词带有肯定、喜爱或赞许的意思，叫作褒义词；有的词带有否定、贬斥或讽刺谴责、憎恶的意味，叫作贬义词；有的词不表示说话者对该事物的褒贬，是中性词。例如，成果、后果、结果，这一组同义词都有结局的意思，但"成果"是指取得的成绩、成就，含有褒义；"后果"往往指不好的结果，含有贬义；"结果"则不含褒贬色彩，是中性词。

以下词语有褒义、贬义或中性感情色彩的不同。例如：

褒义：果断、团结、爱护、鼓动

贬义：武断、勾结、保护、煽动

中性：决断、结合、庇护、发动

2. 区分词汇的语体色彩

有些同义词，语体色彩不同，有的适用于口头语言，带有通俗、平易的口语色彩，具有浓郁的生活气息，如"爸爸"；有的词适用于书面语言，如"父亲"，带有庄重文雅的风格色彩。有些口语词可以用在书面语中，但书面语词较少用在口语中。此外，还有一些词呈现介于口语和书面语之间的中性色彩。

以下词语的语体色彩有所不同。例如：

口语词：老家、烟卷儿、惦记

书面语词：故乡、香烟、思念、飞翔、心灵

中性词：家乡、烟、飞、心

在实际运用中，有些同义词之间的不同体现在搭配习惯不同上。例如：

交换：意见、礼物、资料

交流：思想、经验、物资

履行：条约、诺言、义务

执行：命令、任务、政策

有些体现在词性和语法功能不同上。例如，阻碍作为动词时，在句中主要充当谓语；障碍作为名词时，在句中主要充当主语和宾语。又如，突然作为形容词时，在句中主要充当谓语、定语和状语；忽然作为副词时，在句中只能充当状语。

四、词汇的规范化

现代汉语词汇，不但从古汉语词汇、方言词汇、外来语词汇、行业语词汇中吸取有表现力的词语，还会随着社会的变化不断产生新词。词汇是语言中变化最快的，汉语言文学教师既要看到词汇的发展，又要对词汇加以规范。

（一）古汉语词汇的规范

古语词是现代汉语词汇系统中的那些从古、近代汉语中吸收的有生命力、有表现力的书面语词汇。例如，敬辞有惠顾、垂询、阁下、恭候光临、玉成等；谦辞有冒昧、涂鸦、过誉、蓬荜生辉等；婉辞有谢绝、作古、仙逝等；对他人父母的称呼有令尊、令堂等。此外，还有一些虚词和反映古代历史事物的词。汉语言文学教师对古语词的规范要注意以下方面：

第一，一些古语词，有与之对应的现代汉语词或者有同义词，它们在词义轻重、宽窄、感情色彩、语体色彩等方面有细微的差别，具有不同的语言运用功能，这时可以选用恰当的古语词表情达意。例如，诞辰与生日，蓊郁与茂盛，谿壑与山谷，罅漏与缝隙，遐迩与远近，盘桓与逗留、停留，谲诈与奸诈，桀骜与倔强，娴雅与文雅等。

第二，一些古语词在现代汉语里没有对应的词语，这时就只能用古语词。例如，饕餮、纨绔、醍醐（醍醐灌顶）、瞳昽、婆娑、觊觎、逍遥、酝酿、涓埃、龃龉等，应准确掌握它们的意义和用法。

文言词语具有典雅含蓄的特点，可用在一些正式场合的书面语中，使表达庄重凝练。另外，港、澳、台地区有些场合仍习惯使用古语词在如书信中，保留了比较多的文言词，如"惠函收悉""尚望海涵"等。

（二）方言词汇的规范

汉语有八大方言，方言词汇一般是指只在各自的方言区域内使用的词语。在语言的发展中，普通话为了丰富自己的表现力，往往吸收一些方言词，使它的使用范围不再局限于原来窄小的方言区域，而成为现代汉语词汇系统中的一员。一般而言，方言词进入普通话的规范主要包含以下方面：

第一，有特殊的表现力的方言词，或那些普通话词汇中没有相应词语，而又没有必要造新词来表示的方言词，往往要进入普通话。

第二，普通话的方言词只有经过广泛的语言运用的认可，在普通话的使用中有一定的普遍性时，才能成为全民词汇，才能真正成为普通话中的一员。

为弥补普通话的一些表达欠缺而吸收到普通话中的方言词较多，在表达中，巧妙妥帖地使用这些方言词，能够达到生动形象的效果，充满浓郁的生活气息。运用方言词，要注意适用范围。

（三）外来词汇的规范

外来词汇也叫作借词，是某一民族语言从外国或其他民族语言吸收的词。汉语中的外来词的表现形式包括：①音译式，如雷达、沙发、扑克、逻辑、刹那、幽默、摩登、休克、歇斯底里、奥林匹克、蒙太奇、冬不拉、萨其玛等；②半音半译式，如啤酒、卡车、沙丁鱼、伦巴舞、芭蕾舞、摩托车、法兰绒、因特网等。外国和外民族词汇进入汉语的原因和情况可能会有所不同，但只有在其语音、词义、词的结构等各方面符合汉语系统的种种规律，即汉民族化，并且汉语确实需要，又有较大的使用范围后，才能真正成为汉语词汇系统的有机组成部分。有些外来词不符合上述条件，在语言运用中已经逐渐被淘汰。此外，有些外来词，由于是从不同地区或在不同时期音译过来的，同一个意思往往有多种书写形式，如巧克力与朱古力，富兰克林与弗兰克林等，这些词要根据词典规范其书写形式。

五、汉语言的熟语

熟语是定型的词组或句子，相当于一个语言使用单位。熟语源远流长，言简意赅，富于表现力。熟语的分类主要包含以下方面：

（一）成语

成语是人们经常使用的最精练、最形象、最有表现力和独特的色彩的，多呈四字格形式的一种固定词组。例如，闻鸡起舞、抛砖引玉、门庭若市、高山流水、东山再起、破釜沉舟、狐假虎威、望梅止渴、完璧归赵等，它们是在长期的语言实践过程中逐渐形成的。成语言简意赅，在句子中相当于一个词，但它所发挥的作用却十分明显。例如，成语"一发千钧"和"危险"这个词，都代表一个共同的概念，而"一发千钧"充分地表现了极其危险、极其紧急的意思，比"危险"的含义要丰富深刻，而且非常具体生动。由于成语极精辟、极生动，能收到以少胜多的表达效果，因此长期为人们沿用，约定俗成，成为相对稳定的定型词组。

1. 成语的特征

（1）结构的定型性，主要是指成语的内部结构比较固定。在语言运用中，除了成语合乎规律的演变、约定俗成的用法或修辞性的活用外，成语的内部成分一般不能随意抽换或增减，其构成成分的顺序也不能任意变动。因为，成语是人们长期以来所沿习用的，具有约定俗成性；另外，它的来源往往有特定的背景，如果随意改变，就会失去成语所表示的特定含义，从而失去成语的身份，如"唇亡齿寒"中的"寒"不能随意改成"冷"，"齿"也不能改成"牙。"

（2）意义的整体性，指大部分成语的意义往往都不是字面意义的简单组合，而是统一的整体表意。例如，"胸有成竹"，不是说胸腔里真有一根竹子，而是比喻做事之前已有通盘考虑；"凤毛麟角"，表面意思是指凤凰的毛，麒麟的角，实际含义是比喻稀有而可贵的人或物。成语在表意上具有整体性的特点，在汉语言文学教学过程中，很多的成语都不能从字面上简单地解释，还需要了解该成语产生的背景。

2. 成语的来源

（1）神话寓言，如精卫填海、夸父追日、愚公移山、自相矛盾、滥竽充数、刻舟求剑、画蛇添足、杯弓蛇影、买椟还珠、郑人买履、守株待兔、掩耳盗铃。

（2）历史故事，如草木皆兵、完璧归赵、负荆请罪、四面楚歌、夜郎自大、卧薪尝胆、指鹿为马、纸上谈兵、望梅止渴、请君入瓮、毛遂自荐、围魏救赵。

（3）诗文语句，如近水楼台、车水马龙、柳暗花明、舍生取义、醉翁之意不在酒、世外桃源、短兵相接、司空见惯、万马齐喑、山雨欲来风满楼。

（4）口头俗语，如趁热打铁、水涨船高、半斤八两、鸡毛蒜皮、一干二净、三长两短、指手画脚、东张西望、囫囵吞枣、多才多艺、大惊小怪。

此外，也有少数成语是吸收外语的，如"象牙之塔"就来自法语。

成语大多来源于古代寓言、历史故事、古典诗文，所以具有明显的古汉语特色。例如，"雷厉风行"见于《唐书》。即便是最新的成语，如，"一穷二白""厚古薄今""各尽所能""力争上游"等，虽不是来自古语，但也都是利用了古词语或古语法结构。成语是定型词组，所以对它的结构形式和组成成分，不能擅自变动。例如，"满城风雨"是比喻消息一经传出，就到处轰动起来，议论纷纷。如果变动它的结构形式——即颠倒一下前后次序，改为"风雨满城"就无法理解；如果变动一下它的组成成分——即改变或增减一两个字，改成"满街风雨""满城风和雨""满城大风雨"都无法理解，因为这样改动就失掉了人们所熟知的"满城风雨"的比喻意义了，这就叫作"约定俗成"。虽然成语是相对稳定的定型词组，但是，还有一些成语是有变化的。变化的原因主要包括以下方面：

第一，成语在长期沿用的过程中形成了分歧。例如，"天翻地覆"和"翻天覆地""重整旗鼓"和"重振旗鼓""既往不咎"和"不咎既往"，这些成语在结构形式或组成成分上虽然有变化，但它们的整体意义没有变化，所以能够并行不悖。

第二，由于适应现代语的要求，成语的部分成分换用了现代语，或者换成浅显易懂的成分。例如，"废寝忘食"是由"废寝忘餐"变化而来的；"节外生枝"是由"节上生枝"变化而来的；"揠苗助长"现多改为"拔苗助长"。

第三，由于活用成语而产生了新的成语。例如，由"走马看花"而产生"下马看花"；由"知难而退"产生"知难而进"；由"前仆后继"产生"前赴后继"；由"因地制宜"产生"因事制宜""因时制宜"和"因人制宜"。新成语的出现，丰富了词汇，具有积极的意义。

第四，成语中占绝对优势的四字格格式具有极强的同化力。有些多于四字的成语，被简化成四字；有些少于四字的成语被补足四字，如"少见多怪"是从"少所见，多所怪"简化而来；"车水马龙"是"车如流水，马如游龙"简缩而成；"井底之蛙"是"井底蛙"的扩展；"作茧自缚"是"作茧"的扩充，"自缚"再一次强调了"作茧"的含义；"纸上谈兵"源于"纸上兵"，增加了一个字。当然，成语中也有一些非四字格形式，如三字格的有："破天荒""莫须有""一言堂"等；五字格的有："小巫见大巫""一言以蔽之"等；六字格的有："五十步笑百步""东风压倒西风"等；七字格的有："山雨欲来风满楼""不为五斗米折腰"等；八字格的有："不入虎穴，焉得虎子""取之不尽，用之不竭"等。

总而言之，成语的变化是为了表达的要求，是为了追求更好的语言效果。在相对稳定的基础上，成语的变化更加显示言简意赅的特点。

3. 成语的运用要求

（1）使用成语是须在了解成语词面意义及背景、典故的基础上，明确它的实际含义，不能望文生义。例如，成语"文不加点"，很多人理解为写文章不加标点符号，认为这是一个贬义词。而实际上，在这里"点"的意思是"涂改"，这个成语的整体意义是"文章一气呵成，无须修改，形容文思敏捷，写作技巧纯熟"，这是一个褒义成语。有些成语是有感情色彩的，要区分成语的感情色彩。

例如：人们铤而走险登上山顶，欣赏壮丽的景色。

例句把"铤而走险"当作褒义成语，理解为勇敢探险，实际上，"铤而走险"的意思是因无路可走而采取冒险行动，有贬义。

"深思熟虑"与"处心积虑"，"再接再厉"和"变本加厉"，"东山再起"和"卷土重来"，"侃侃而谈"和"夸夸其谈"等，都是前者多为褒义，后者有贬义。有些成语一字之差，意思毫无关联，如"自食其力"和"自食其果"，"自食其力"指依靠自己的劳动来生活，具有褒义；而"自食其果"指自己做了坏事，自己承受不好的后果，具有贬义。

（2）成语有些字因为字形或字音相混而写错，学生应注意成语的字音和字形。例如：

走投无路（"投"不应写成"头"）

草菅人命（"菅"不应写成"管"）

破釜沉舟（"釜"不应写成"斧"）

川流不息（"川"不应写成"穿"）

再接再厉（"厉"不应写成"励"）

直截了当（"截"不应写成"接"）

一筹莫展（"筹"不应写成"愁"）

迫不及待（"及"不应写成"急"）

诡计多端（"诡"不应写成"鬼"）

原形毕露（"毕"不应写成"必"）

铤而走险（"铤"不应写成"挺"）

世外桃源（"源"不应写成"园"）

礼尚往来（"尚"不应写成"上"）

（3）成语读音比较难，除了有些多音字，还有古汉语残留的一些特殊读音，学生应注意成语的读音。例如：

深恶痛绝（"恶"读 wù 不读 è）

顿开茅塞（"塞"读 sè 不读 sāi）

良莠不齐（"莠"读 yǒu 不读 xìu）

咬文嚼字（"嚼"读 jiáo 不读 jué）

一暴十寒（"暴"读 pù 不读 bào）

自怨自艾（"艾"读 yì 不读 ài）

否极泰来（"否"读 pǐ 不读 fǒu）

乳臭未干（"臭"读 xiù 不读 chòu）

一蹴而就（"蹴"读 cù 不读 jiù）

审时度势（"度"读 duó 不读 dù）

（二）歇后语

歇后语应把意义分做前后两部分说出来，前一部分是比喻或隐语，后一部分是意义的解释。平常说话时，可以单独说出它们的前一部分，而把后一部分解释省去，让听话人去体会、猜测，所以叫作歇后语。歇后语的分类主要包含以下方面：

第一，比喻型的歇后语，它的前部分是一个比喻，后部分是对前部分的解释。例如：

大海里捞针——无处寻

诸葛亮皱眉头——计上心来

飞蛾扑火——自取灭亡

老牛追兔子——有劲使不上

以上四例，解释部分的意义是字面上的意义。

大路上的电杆——靠边站

木头眼镜——看不透

快刀切豆腐——两面光

石碑上钉钉子——硬碰硬

以上四例，解释部分的意义是它的转义。

第二，谐音双关的歇后语，它的后一部分借助音同或音近现象表达意思，这是一种"言在此而意在彼"、妙语双关的现象。例如：

旗杆顶上绑鸡毛——好大的掸（胆）子

腊月里的萝卜——冻（动）了心

膝盖上钉掌——离蹄（题）太远

三九天穿裙子——美丽冻（动）人

孔夫子搬家——净是书（输）

在生活用语和日常写作中，学生如果能恰当地运用歇后语，可使语言生动活泼、幽默风趣、轻松俏皮，饶有趣味，具有较强的喜剧效果，给人留下鲜明深刻的印象，收到较好的表达效果。但是运用歇后语，一定要根据所表达的意思和语言环境恰当地使用。

（三）惯用语

惯用语是人们经常使用的固定词组。语音形式多为三个音节，意义上常作为完整的单位来运用，结构上一般是固定的；但有的惯用语中间往往可以加入一些别的词语。

1. 惯用语的特征

（1）惯用语的实际意义往往不是字面意思的简单相加，而是多通过引申、比喻产生新义。运用时必须理解它们的特定含义，不能望文生义，如"开夜车"比喻为了赶时间，在夜间继续学习或工作；"泡蘑菇"比喻故意拖延时间；"装洋蒜"指装模作样。

（2）惯用语生动形象，通俗易懂。惯用语的表现力十分强烈，形象鲜明，可使人产生丰富的联想。语言形式通俗易懂，为广大群众喜闻乐见，如跑龙套、钻空子、开绿灯、铁石心肠、事后诸葛亮、捅马蜂窝、空头支票等。

（3）惯用语的感情色彩大多为贬义，还有一部分中性的。中性的惯用语，主要是客观地说明事物或动作，如找门路、费唇舌、君子协定、留后路、破天荒，这些惯用语往往不包含表达者的态度，比较客观。

由于大部分惯用语具有贬义，或是所指的事物缺乏积极意义，这就要求学生在使用时要注意辨清使用对象和使用场合。而且惯用语贬抑的程度有轻有重，如"事后诸葛亮"与"马后炮"，"事后诸葛亮"的贬义程度轻一些，"马后炮"的贬义程度重一点。

2. 惯用语与成语的辨析

（1）惯用语通俗易懂，含义单纯，口语色彩浓；成语文雅，含义丰富，书面语色彩浓。

（2）惯用语大都是三音节的动宾短语，如抓辫子、扣帽子、走后门，也有一些偏正式，如墙头草；成语大都是四个音节，结构类型较复杂，如春华秋实（并列式）、世外桃源（偏正式）、包罗万象（动宾式）、天衣无缝（陈述式）、重于泰山（补充式）、打草惊蛇（连动式）、引人入胜（兼语式）。

（3）惯用语形式相对固定，但又较灵活多变，在不同的语境下，可以根据表达需要做相应的灵活变动，有时用三音节，有时在动宾之间能加入其他成分，如泼冷水——泼他的冷水；开倒车——开历史的倒车；扯后腿——扯全班的后腿。而成语一般不能随意拆开加入别的成分。

（四）谚语

谚语是反映自然、社会规律，表现人们的实践经验，流传在人们口头的一种固定语句，是人民群众喜闻乐见的，往往包含有丰富的社会经验，通俗、简练、形象而含义深刻，富于教育意义。大部分谚语是人民群众生活经验的总结，具有传授经验和教训劝诫的作用。例如：

三百六十行，行行出状元

泰山如坐，嵩山如卧，华山如立，恒山如行，衡山如飞

读万卷书，行万里路

路遥知马力，日久见人心

上有天堂，下有苏杭

良言一句三冬暖，恶语伤人六月寒。

一寸光阴一寸金，寸金难买寸光阴。

谚语句式匀整，音调和谐，具体通俗，形象生动。由于是口头流传的，所以有些谚语在结构上不很固定。有时同一个谚语，具有多种表达形式。例如：

三个臭皮匠，顶个诸葛亮

三个臭皮匠，变成诸葛亮

三个臭皮匠，赛过诸葛亮

（五）格言

格言是简练而含义深刻并具有教育意义的警句。例如：

知识就是力量

学如逆水行舟，不进则退

虚心使人进步，骄傲使人落后

事实胜于雄辩

满招损，谦受益

格言与谚语都是完整的句子，但是谚语出自集体创作，格言往往是名人语录。谚语的

内容比较广泛，涵盖社会生活的许多方面；而格言意在阐发事理，多为警策之辞，内容精辟，意味深长，耐人寻味。汉语言文学教师在教学中引用格言，能给学生以启示，更富于说服力。

第三节 汉语言文学知识的语法教学

一、汉语言文学语法的单句

句子是由带上一定的语调的词或词组构成的，每个句子都表达了一个相对完整的意思，是交际过程中使用的单位。

（一） 句子的类别

句子按语气标准的不同可以分为四类，有陈述句、疑问句、祈使句、感叹句。如果按结构分，句子又可以分成单句和复句两大类。单句按结构分，又可以分成主谓句和非主谓句两类。陈述句是陈述一件事，也就是对人或事物做出肯定的或否定的说明判断，句终用句号表达陈述语气，如这是一辆变速自行车；疑问句是提出一个问题，句终用疑问词"吗"和问号表示疑问的语气，如你认识他吗；祈使句是指出一个要求或愿望，促使别人去行动，句终用问号或叹号表示祈使的语气，如你去医院看看他吧；感叹句是抒发某种感情，句终用语气词"啊""吧"和叹号表示感叹的语气，如这本书写得真好啊。

（二） 主谓句与非主谓句

主谓句是包含主语、谓语的句子。主语是陈述的对象，谓语是陈述主语的。

例1：月亮 | | 出来了。

例2：雪花 | | 飘舞。

例3：小倩的妈妈 | | 推开了房门。

例4：妹妹 | | 性格开朗。

上面的句子中，竖线左边是主语，竖线右边是谓语。跟主谓句相对的是非主谓句，它不是由主语、谓语两部分构成的。非主谓句的类别主要包括以下方面：

第一，无主句，这类句子无法主语或不必说出主语。

例1：刮风了。（说明自然现象）

例 2：禁止喧哗！（表示一种要求）

例 3：忽然停电了。（说明出现的情况）

第二，独语句，这类句子无法分析出主语和谓语。

例 1：火！（说明出现的事物）

例 2：多美啊！（一种感受）

例 3：谁？（表示疑问）非主谓句一般比较简短，但在日常的交际活动中，非主谓句使用的频率比较高，汉语言文学教师应当注意非主谓句的使用。

（三）句子成分的分类

句子成分就是指句子的构成成分，即主语、谓语、宾语、定语、状语、补语。另外句子除了这六种成分以外，还有独立成分和复指成分两种附属成分。从句子的结构而言，主语和谓语是句子的主体，是句子的主要成分；宾语和补语都是受谓语制约的，是谓语的连带成分；定语和状语是修饰其他成分的，是修饰成分，也叫作附加成分。

1. 主语与谓语

主语是句子陈述的对象，是被谓语说明的人或事物。谓语陈述主语并说明主语，它们之间是陈述与被陈述的关系。"主谓结构是一种由一个或多个主语和一个或多个谓语构成的句式，是语言和文学的范畴"①。

例 1：他｜｜热泪盈眶。

例 2：保护野生动物｜｜是我们义不容辞的责任。

例 3：车间｜｜停产了

例 4：父亲｜｜常常坐在窗口看书。

以上例句都可以分成前后两部分，前一部分"他""保护野生动物""车间""父亲"是句子所要说的人或事物，是句子的主语；后一部分"热泪盈眶""是""责任""停产""看书"分别说明前一部分的人或事物，是句子的谓语。

主语和谓语之间的关系具体包含以下方面：

（1）主语是动词谓语所表示的行为、动作的发出者。

例如：同学们｜｜参观了故宫博物院。

（2）主语是动词谓语所表示的动作、行为的接受者。

例如：衣服｜｜选完了。

---

① 张春雷. 论汉语言文学中的句法 [J]. 科技资讯，2018，16（28）：153.

（3）从性质、状态等方面对主语加以判断、说明或描述。

例如：雪｜｜渐渐大了。

2．宾语

在主谓句中，宾语是动词谓语的连带成分，回答动词所涉及的对象是"谁"或"什么"。

例1：闰土｜｜拣了一副香炉和烛台。

例2：我们｜｜一定要克服困难。

例3：工人｜｜修理洗衣机。

例4：妈妈｜｜是教师

以上例1、例2、例3的"香炉和烛台""困难""洗衣机"分别是动词"拣""克服""修理"所表示的动作涉及的对象，它们就是句子的宾语。例4中，判断动词"是"和名词"教师"，构成动宾词组，对主语"妈妈"做出判断，说明"妈妈"的身份，名词"教师"做判断动词"是"的宾语，一般称判断宾语。

宾语和充当谓语的动词之间的关系具体包含以下方面：

（1）宾语是动词所表示的动作、行为涉及的对象。

例如：几个人｜｜兴致勃勃地喝着红葡萄酒。

（2）宾语是动词所表示的动作、行为涉及的处所。

例如：列车｜｜在凌晨三点钟正点到达西安站。

（3）宾语是动词所表示的动作、行为的结果。

例如：他｜｜修好了这辆自行车。

（4）宾语表示存在、出现人或事物。

例如：一班｜｜转走了两名同学。

主语、谓语、宾语这三种成分是的主要成分，是构成句子的主干，定语、状语、补语这三种成分则是句子的附加成分。

3．定语

名词作主语或宾语，前面修饰、限制的成分就是定语。被修饰、限制的名词称为中心词。

例1：家里的窗户｜｜统统开着。

例2：我们｜｜要争取更大的进步。

例3：一百名运动员｜｜参加了秋季运动会。

例4：这位讲解员｜｜详细地介绍了这个工厂的新产品。

定语对名词的修饰、限制是从时间、范围、处所、所属、质料、性状等方面对名词加以证明、描述，使人更明确、更清楚地理解所表达的意思。

4. 状语

（1）动词、形容词作谓语，前边修饰、限制的成分就是状语。被修饰、限制的动词和形容词称为中心词。

例1：班委会所有成员｜｜都陆续地走了。

例2：他的作风｜｜很朴实。

例3：柳条｜｜飘洒地摇摆着。

（2）数词及一部分代词作谓语，前边修饰、限制的成分也是状语。

例1：刘刚｜｜今年才十七岁。

例2：他的考试成绩｜｜不怎么样。

状语对动词、形容词的修饰、限制是从时间、处所、程度、范围、情态、肯定、否定等方面对动词、形容词加以证明，使动作、性状说得更清楚、更确切。

5. 补语

动词、形容词作谓语，后面补充说明的成分就是补语。被说明的动词和形容词是中心词。

例1：他｜｜睡得很香。

例2：几个大雨点｜｜砸在祥子的背上，他哆嗦了两下。

例3：教室里｜｜安静极了。

例4：小明的发言｜｜驳得对方哑口无言。

例5：老师｜｜经常工作到深夜。

补语对动词和形容词的补充说明，主要是指明动作的情况或结果，动作延续的时间，事物性状的程度等。

结构助词"的""地""得"在句子中能分别连接定语和中心词，状语和中心词，补语和中心词，可以把这三个助词看作是定语、状语、补语的标志，对学生分析句子的各种成分时会有些帮助。

二、汉语言文学语法的复句

由两个或两个以上的、意思有密切联系的单句组合在一起的句子，表达一个完整的意思，这样组合起来的句子称为复句。复句中的单句叫作分句。分句后面有一个较小的停顿，书面上用句中标点（逗号、分号）表示。整个复句句末有较大的停顿，书面上用句终标点（句号、问号或感叹号）表示。复句各分句的意思之间，必须是有密切联系的。

例1：山润朗起来了，水涨起来了，太阳的脸红起来了。

例2：蜜蜂是画家的爱物，我却不大喜欢。

例3：它不是飞下来的，不是跳下来的，而是从一层层高度不等的台阶上一级一级滑下来的。

例4：我经常望着东方，希望泰山顶上会出现佛光。

例5：历史的车轮进入五代，战乱的局势迫使雕刻家们放慢了铁的画笔。

上述句子都是由两个或两个以上有密切关系的分句组合成的，其中例2、例4、例5是有两个分句的复句，例1、例3是有三个分句的复句。

（一）复句的特征

第一，复句的各分句之间，在意义上有一定的联系。

例1：白杨树实在是不平凡的，我赞美白杨树！

例2：白杨树实在是不平凡的，汽车在望不到边际的高原上奔驰。

例1是复句，两个分句之间在意义上有因果联系；例2不是复句，前后两部分的意思毫无关系，是两个独立的单句，两句之间用逗号不对。

第二，复句的各分句之间，在结构上有相对的独立性，每个分句都不做其他分句的任何成分。

例1：蜜蜂是渺小的，蜜蜂又是多么高尚啊！

例2：我不禁想到，蜜蜂是多么高尚啊！

例1中的两个分句，都有各自相对的独立性，谁也没有做谁的句子成分，是复句。

例2中的"蜜蜂是多么高尚啊"是"想到"的宾语，因此它是单句。

第三，复句的各分句可以是主谓句形式关系，也可以是非主谓句形式关系。

例如：没有耕耘，哪来收获。（非主谓句形式）

如果分句是主谓句形式，各分句主语又相同，一般只在某一分句出现，其他分句省略，也可用代词指称；主语若不相同，一般不省略。

例1：海自己醒了，喘着气，转侧着，打着哈欠，伸着懒腰，抹着眼睛。

例2：山美，水美，人更美。

例1主语"海"只在第一分句出现，其余分句里都承前省略。

例2 主语"山""水""人"各不相同，故不能省略。

（二）复句的类别

复句按照分句间的关系划分为并列、承接、递进、选择、转折、因果、假设、条件等类型。

1. 并列关系复句

并列关系复句，由多个平行并列的分句分别叙说有联系的多件事情，多种情况，或同一事物的多个方面。常用的关联词语包括："也""同样""既……，又（且、也）……""不是…"，而是……""一面……，一面……"等。

例1：雨，越下越大，｜风，越刮越急。（靠语序语意组合）

例2：既要努力学习，｜又要锻炼身体。（凭借关联词组合）

例3：祥子一边吃，｜一边把被兵拉去的事说了一遍。（多个分句分别说明一个人物的多个方面或一件事情的多个方面）

2. 递进关系复句

递进关系复句后面的分句比前面的分句有进一层的意思。常用的关联词语有："更""还""并且""而且""甚至""不但（不仅、不只）……，而且……""不但……，反而（反倒）……""别说……，连……"等。

例1：种花好，｜种菜更好。（关联词具有承上启下的作用。）

例2：他不但喜欢洛阳的牡丹，｜还喜欢有关它们的美丽的传说。（关联词表示由浅入深）

例3：泰山这么多的台阶，年轻人爬起来尚感到吃力，｜何况年过七十的老人呢！（关联词表示"以深证浅"，含有反诘语气）

3. 承接关系复句

承接关系复句，由多个分句按顺序说出连续发生的动作或事情。常用的关联词语有："就""便""又""于是""接着""首先……，然后……""起先（当初）……，后来（以后）……""一……，就……"等。

例1：他说完话，｜便毫不迟疑地顶着雨往"青分楚豫"鸡公山赶去。（用时间副词或时间名词作关联词）'

例2：爷爷匆匆进来，｜给他泡上驰名中外的西湖龙井茶。（不用关联词，按照动词的先后顺序组合）

例3：在没有旁人的时候，他便和我说话，｜于是不到半日，我们便熟识了。（凭借表顺序先后的关联词语组合。）

4. 选择关系复句

选择关系类型的复句包括：①几个分句分别反映不同的多种情况，让人任选其一，②在两种可能出现的情况中明确地选定其中的一种，两者必居其一。常用的关联词语包括："或者……，或者……""是……，还是……""不是……，就是（便会）……""要么……，要么……""与其……，不如……""宁可……，也不……"等。

例如：我们与其让孩子们在家里玩，｜不如带他们到公园里去活动活动。（关联词表示已定选择。）

5. 转折关系复句

在转折关系的复句里，前一个分句同后一个分句的意思是相反或部分相反的；前一个分句衬托后一个分句，全句的意思着重在后一个分句。常用的关联词语包括："虽然（尽管）……，但是（但、可是、却、而）……""虽然……，还……""然而""只是""不过""只可惜"等。

例1：虽然我一看就知道是东阳木雕，但又不是我记忆中的东阳木雕。（关联词语成对使用，转折语气较重，表示重转。）

例2：华山是非常险峻的，｜不过我相信你们一定能够登上它的最高峰。（关联词语用在后一分句，一般转折语气较软，表示轻转。）

6. 因果关系复句

因果关系复句中前后两个分句之间的关系，是原因和结果的关系。有的是前一分句表因，后一分句表果；有的是前一分句表果，后一分句表因。常见的关联词语包括："因为（由于）……，所以……""因而""因此""故""之所以……，是因为……""……，因为……""既然……，就……""可见"等。

例1：因为各拱相连，｜所以这种桥叫作连拱石桥。（关联词成对使用，表示由因推果。）

例2：雪莲不追求沃土佳壤，扎根在五千多米的"雪线"之上，｜所以被人们亲切地称为"高山玫瑰"。（单用结果关联词，也可表示由因推果。）

例3：由于不熟悉九寨沟的地理环境，｜刚走出密林他就迷路了。（在表意明确的情况下，也可只用表因关联词。）

例4：这部电视剧受欢迎，｜是因为它真实地反映了大众生活。（关联词是强调后因的。）

例5：既然自己选择的道路是正确的，｜就应当坚定地理直气壮地走下去。（关联词是推论因果，带有主观性，实际存在不存在，还不一定。）

7. 条件关系复句

在条件关系复句里，前一个分句提出一个条件，后一个分句说明在这个条件下产生的结果，它们是一种条件关系。常用关联词包括："只要……，就……""只有……，才……""除非……，才……""无论（不论、不管、任凭、随）……，都（总是、总、也）…"等。

例1：只有你意识到这一点，｜你才能更深刻了战士在战场奋不顾身的原因。（关联词表示必要条件，没有了这个条件，就不能产生相应的效果。）

例2：只要年轻人说他几句，｜他就不说话了。（关联词表示充足条件，满足前分句提出的条件，必然产生后边分句的结果）

例3：不管谁来，｜只要想到他家里坐一坐，都是不容易的。（关联词表示无条件，即在任何条件下，都会产生同样的结果。）

例4：他不敢放胆去跑，｜除非守过了你这一关。（先说结果，后说条件。）

条件复句的关联词语，一般不能全部省略。

8. 假设关系复句

在假设关系的复句里，前一个分句提出一个假设的情况，后一个分句说明这一假设情况实现后产生的结果。假设关系复句包括以下方面：

（1）假设与结果一致，假设的情况与结果有必然的联系，只要假设的情况一实现，就出现与它相应的结果。常用的关联词包括："如果（假如、倘若、要是、要）……，就（那么、那、便）……"。

例如：西湖白堤两边各有一行杨柳、碧桃，如果到了春天，｜这里柳丝泛绿、桃树嫣红，就会呈现一片桃红柳绿的景色，游人到此，如临仙境。（结果与假设是一致的，关联词表充足的条件关系。）

（2）假设与结果不一致，假设的情况与结果有了转折，尽管假设情况实现了，也不会产生与它相应的结果。常用的关联词包括："即使（就是、就算、纵然、哪怕）……，也（还、又）……""再，也"。

例如：到了夏天，｜天山的积雪也不会融化。（假设与结果语义相背，关联词表示让步假设。）

假设复句一般是先提出假设，后说出结论，但也有的句序与此相反。

例如：我感到他在用眼睛与我交流，｜假如他的大脑还有意识。

比较简单的假设复句，可以不用关联词语凭语义显示假设关系。

例如：在我们这个集体中，一个人发生了困难，｜全体同学都会向他伸出援助之手。

三、汉语言文学语法的句群

句群又叫作句组、语段，它是由两个或两个以上意思上密切联系，结构上各自独立的单句或复句组成的一群句子。

例如：①吐鲁番盆地的干旱、炎热，在全国是数一数二的；②尤其是那巨龙般的火焰山，绵延百公里，在烈日照射下，犹如熊熊燃烧的烈火；③这里盛夏午后，地表沙层温度通常都在70℃；④所以，埋沙"煮鸡蛋"、薄石片上"烙"饼，都是常有的事。

上述句群是由四个句子组成的，①句先总论吐鲁番盆地的干旱、炎热在全国的排名；②③句强调火焰山如烈火，盛夏午后沙层温度常在70℃；④句指出沙"煮"蛋、石"烙"饼是常事。中心意思明确，突出吐鲁番盆地的炎热，句与句之间语义前后衔接连贯。

（一）句群的基本特征

第一，句群必须由两个或两个以上的句子组成，在口语表达上它的语调不得少于两个，在书面上它的句末标点符号也不得少于两个，如句号、叹号、问号。同时，凭借这一特点，可以把句群与复句区别开来。

例1：①在雪线上的高山，有肥美味香营养好的雪鸡；②有黄嘴白肚花翅膀的水鸭；③在湖边的松林，生长着质地纯正的中药材党参、贝母、柴胡、灵芝等等；④在很少污染的高山湖，盛产一种肉味鲜嫩、光滑无鳞的"黄瓜鱼"，是内地罕见的佳肴。

例1是一个有四个分句的多重复句，表达了作者对天池物产丰富、奇特的赞美之情，分句与分句之间都用的是句中标点——分号和逗号。整个复句只在句末用句终标点——句号。全句只有一个语调。因此，它是复句，不是句群。

例2：①南浔最大的特色是名园。②闻名遐迩的小莲庄位于万古桥西，系清光禄大夫刘镛所筑，由外园、内园和刘氏家庙组成，兼有建筑、园林之胜。③毗邻小莲庄的嘉业藏书楼典籍宏富，曾经是全国私人藏书之最。④而不远处的民国元老张静江故居，豪华气派，无疑是江南园林中的翘楚。

例2是一个有四个句子的句群，中心意思是南浔最大的特色是名园。四个句子都用了句末标点——句号。语气变化明显，有四个语调。因此，它是句群，不是复句。当然，为了适应需要，句群和复句往往能够互相转换。即句群可以改为复句；复句也可以改为句群。

第二，句群的多个句子在意义上必须要有密切联系，表示一个相对完整的中心意思。凭借这个特征，同样可以把句群与段落区分开来。

（二）句群与段落的辨析

1. 句群等于段落

句群等于段落，即句群同文章里的段落在形式上重合。

例如：美丽泉城济南市，号称有七十二泉，"趵突泉为济南七十二泉之冠"。趵突泉泉水清澈见底，游鱼可数，生机盎然，情趣无穷。水质清冽，泡出茶水，色如琥珀，清爽可口。以趵突泉为主的公园内集中 16 处泉，是国内罕见的大泉群。

例句由四个句子组成的句群，中心是介绍趵突泉。句与句之间意思衔接紧密连贯，但它在文章中也是一个段落，这样句群与段落完全重合。

2. 句群小于段落

句群小于段落，即文章的段落较长，实际是由多个句群组合起来，表达多个意思。

例如：①阿尔卑斯山脉的雪峰在瑞士境内多而美，铁力士仅是其一。②不过，单看其一就足以使人陶醉。③雪是最纯正的白，净得没有一粒杂质，厚的地方有半人高，靠上去是冻软的感觉。④天蓝得亲近而立体，好像身边的空气就是蓝色的。⑤阳光灿烂到极致，在它积极的射线里找不到一丝尘埃。⑥这样寒冷而高的地方居然还有鸟在飞，那是一种黑色的鹰，在山谷中滑翔。｜｜⑦最重要的是没有人间烟火，没有人类生存所必须对自然的侵害。⑧想来，天堂就是这样的，净且静，简洁得像雪。

例句的段落共由八个句子组成，包含两个句群。"｜｜"前的①~⑥句为一个句群，中心意思是阿尔卑斯山脉的雪峰——铁力士使人陶醉；"｜｜"后的⑦⑧句是第二个句群，中心意思是铁力士雪峰像"天堂"。两个句群分别表达了有密切联系的两个中心意思。因此，本段由两个句群构成，句群小于段落。

3. 句群大于段落

句群大于段落，即文章的段落有的只有一个句子。

例如：青藏高原的植物为什么生长得这么好呢？

这是一个由设问句构成的过渡段，不是句群。

（三）句群的结构

根据句子在句群内的地位和作用，可以将句群内的句子分为以下方面：

1. 总领句

总领句多出现于句群开头、根据该句群的中心或规定句群内容所及范围的句子。总领句在全句群的结构中处于重要地位，在表达上也居于很重要的地位。总领句总出现于句群之首，但处于句群之首的句子并非都是总领句。句群之首的句子是不是总领句，取决于它在全句群的表义地位和作用。总领句可以是陈述句、判断句，概括句群中心；也可以是一个设问句，规定句群的内容所谈论的话题、对象或涉及的范围。总领句的存在，往往是句群话题的统摄、总领，或是句群中心话题得以确立的前提，给读者把握句群中心的启迪。

例1：绍兴的桥，造型优美，结构别致。有倒影如满月的圆洞桥；有映波像城关的方门桥；有街巷两用、高低复合的四向桥；也有因势截流、桩木横出的斜桥；还有一线贴水、平整素雅的纤塘桥……。桥因水而就势造型，水因桥而增色生辉。多桥的绍兴，可以说是桥式工艺的"画廊"，也可以说是"桥的博览会"。

例1的第一句就是该句群的总领句，它是对整个句群语义中心进行概括的单句，总领句后面的三句话都是由"造型优美，结构别致"演绎出来的。

2. 归结句

归结句是出现在句群结尾处，对句群中心进行概括、归纳或引申的句子。归结句可以是判断性的陈述句，也可以是反诘句，它常常是句群中心的集中揭示，是对句群进行概括、归结或引申的句子。归结句在句群中的地位和作用比总领句更重要，它虽然总在句群末尾，但处于句群末尾的句子未必都是归结句。

例1末尾一句就是归结句，它对全句群语义中心进行了集中揭示，同时又与句群的总领句相互呼应，是对"造型优美，结构别致"的具体概括，也是感情上，认识上的升华。

3. 游离句

游离句是句群中出现的相对独立于句群中心之外，但又与句群有一定联系的句子，它往往是为表达的某种需要，临时将句群的语脉切断，插入与句群内某处信息有关的补充、说明、注释、追述的语句。游离句的出现，与衍生句、总领句、归结句相比，频率很低。而且，它的出现一般只有一句，至多不超过两句。如果游离句在句群中出现句数较多，就会使句群中心偏移，使原语脉节外生枝。

例如：在武汉的版图上，湖泊就像明亮的永不褪色的群星，闪烁在这个城市的各处。

我没有查过资料，不知道武汉究竟有多少个湖泊。仅我所知道的，便可以说一大串了：东湖、东西湖、南湖、北湖、晒湖、沙湖、莲花湖、紫阳湖、乌泥湖、木兰湖、月牙湖、汤逊湖、水果湖、金银湖、四美塘等等。湖泊使武汉独特，也使武汉富有，甚至是奢华、奢侈。

句群中心是闪烁在武汉各处的湖泊，使武汉独特而富有。假如把游离句去掉，全句群在语气上、叙述的脉络上仍然通畅，无碍句群中心的表达。由此可见，游离句是游离于句群中心之外的句子，但这里的游离句是因句群中的信息而发，是有利于句群内容的表达的。

4. 衍生句

衍生句是句群语义中心阐发、引申、繁衍产生出的句子，它是以具体的语言材料构成句群的主体，句群中心是靠它来支撑的。衍生句的主要任务是紧扣句群中心，或进行记叙、描写，或进行论证、推理，或进行说明、陈述。衍生句每句都要紧扣句群中心，从句群中心引发而出，决不能无缘而发。否则，一旦离开句群中心，便会形成表达上的冗余。

例1中间的两句就是该句群的衍生句，它们对总领句"造型优美，结构别致"的内容进行了具体的阐述和描写，为归结句"多桥的绍兴，可以说是桥式工艺的'画廊'，也可以说是'桥的博览会'"，提供了事实依据。

5. 过渡句

过渡句是出现于句群开头或结尾，起承上启下作用的，用来沟通句群与句群之间语义、语气联系的句子，它有时出现在句群的结尾，有时出现在句群的开头。

例如：这当然是神话，是人们无法认识死海形成过程的一种猜测。其实，死海是一个咸水湖，它的形成是自然界变化的结果。死海地处约旦和巴勒斯坦之间南北走向的大裂谷中段，它的南北长约七十五公里，东西宽五至十六公里，海水平均深度一百四十六米，最深的地方大约有四百米。死海的源头主要是约旦河，河水含有很多的矿物质。河水流入死海，不断蒸发，矿物质沉淀下来，经年累月，越积越多，便形成了今天世界上最咸的咸水湖——死海。

例句第一句就是该句群的过渡句，第二句是总领句，过渡句是承接了前文关于死海形成的神话般的猜测，然后过渡引出死海形成的真正原因。

一般的，承上作用的过渡句往往出现在句群的开头，启下作用的过渡句往往出现在句群的末尾。虽然过渡句出现的位置与总领句、归结句相同，但它们在句群中的表达作用却有所不同。总领句、归结句同句群的语义中心有着直接的关系，而过渡句主要作用在于承上启下，联系过渡。

四、汉语言文学教学中常见的语法问题

汉语言文学教学中常见的语法问题指的是句子和结构关系词语的运用上出现的错误，了解常见的句法错误，对于提高学生的表达能力具有十分重要的意义。汉语言文学教学中常见的语法问题主要包含以下方面：

（一）成分残缺

成分残缺指的是句子里缺少某个必要的成分，包括：缺主语、缺宾语等。

例1：听了实习老师的这节课以后，在多数同学的反映中，认为讲的重点不够突出。

例2：根据我个人在学习英语中有以上这些体会。

以上两例都缺少主语。

例1"谁认为讲的重点不够突出？"显然是"多数同学"，可见"同学"应是句子的主语。但是"多数同学"又处在"在……中"这个介词结构里，介词结构不能作主语，这样全句就缺少了主语，应当去掉"在"和"的反映中"。

例2中的主语应该是"我个人"，但"根据……的体会"这样的句式，同样使句子缺少了主语，应该去掉"根据"。

例3：星期四下午，高三（2）班和高三（5）班英语演讲比赛。

例4：刘胡兰，你是个多么伟大而光荣啊！

例3缺少谓语，应在"英语"的前边加上"进行"或"举行"。

例4缺少谓语的一部分，应在"光荣"后面加上"共产党员"，使"是"和"共产党员"组成判断合成谓语。

例5：招生制度的再次改革，激发了同学们学好各门功课。

例6：为了庆祝第三十九个教师节，校领导让我们整理一篇有关素质教育方面的先进事迹。

以上两例都缺少宾语。

例5"同学们学好各门功课"不能直接作"激发"的宾语，应在句末加上"的热情"。

例⑥"事迹"同样不能直接作"整理"的宾语，应在句末加上"的材料"。

（二）词语多余

词语多余大都是由于既想这样表达而又想那样表达，或者加上不必要的词语。有的是

用上两个从属成分，而意思却基本是相同的。

例1：外公的年龄已是很老了。

例2：油菜花开了，田地里颜色一片金黄色。

以上两例都在主谓上有语病。

例1"年龄"不能说"老"，只能用"大"或"高"，而"人"才可以说"老"，应把"的年龄"删去。

例2"颜色"和"色"都多余。"田地里"可以作为主语，而"一片金黄"这个词组就可以用来对"田地里"作描写了。

例3：年三十，我家吃了一顿丰盛的一餐。

以上两例都在定语上有问题。

例3"一顿""一餐"重复，或者删掉"一顿"，或者改"一餐"为"美餐"。

例4：这一道难题最后终于被我算出来了。

例5：同学们全神贯注地、聚精会神地听老师讲课。

以上两例的语病都在状语上。

例4"最后""终于"是同一意思，用一个就行应删去一个。

例5"全神贯注"跟"聚精会神"也基本相同，应删去一个。

（三）搭配不当

搭配不当指的是句子里相关联的两个成分，在意义上和语言习惯上不能配合。

例1：他一进门，大伙儿的眼睛都集中到他的身上。

例2：班主任赵老师教育了和纠正了刘小龙的错误。

例3：扩音器里传出豁亮的声音。

例4：昨天在苏州的游览，是我们旅游行程中最快乐的一天。

例1是主语和谓语搭配不当。"眼睛"不能"集中"，应把"眼睛"改为"目光"。

例2是动词和宾语搭配不当。可以说"纠正""错误"，但不能说"教育""错误"，原句改为"班主任赵老师教育了刘小龙，纠正了刘小龙的错误。"

例3是宾语和中心词搭配不当。"豁亮"指的是光线充足，不能修饰声音，应改为"响亮"或"洪亮"。

例4是主语与宾语搭配不当，这一句简缩以后主干是"游览是一天"，主语中心"游览"和宾语中心"一天"。

（四）词序不当

词序不当指的是由于词语颠倒或顺序排列不当，因而造成语法上的错误或意义上的含混。

例1：张老师的课对于全班同学都很满意。

例2：你这种做法是危险的，也是错误的。

上述例子都有词语错误安排的问题。

例1主语和状语颠倒，不是"课"对于"同学""满意"，而是"同学""对于""课""满意"。原句应改为"全班同学对于张老师的课都很满意"。

例2应是因"错误"才会有"危险"，因此应该改成"是错误的，也是危险的。"

（五）类别混淆

类别混淆指在使用并列词组时，没有注意到所用的几个词所代表的事物的性质、类别的不同。

例1：开学第一天，同学们领到了一叠叠的书和课本。

例2：我们学校文娱活动开展得很活跃，经常举行诗歌朗诵和球类比赛。

例1"课本"是"书"的一个种类，应删去"书"。

例2"球类比赛"是体育活动，不是"文娱活动"，应删去"和球类"三个字。

（六）词性误用

词性误用指的是因为词性掌握不准而产生的语法错误。

例1：这件事，深深地烙印在我的脑海里。

例2：我们高三（4）班被评为先进集体，我感到非常高兴和荣誉。

例3：登山运动员为了适宜气候的变化，采取了很多措施。

例1"烙印"是名词，错当动词用，应改为"印""刻"或"铭刻"。

例2"荣誉"是名词，错当形容词用，应改为"光荣"或"荣幸"。

例3"适宜"是形容词，错当动词用，应改为"适应"。

（七）句式杂糅

句式杂糅指的在一个句子里把两种不同的句式套在一起，前半句是一种，后半句又是一种。

例1：把向沙漠进军，是光荣而艰巨的任务。

例2：她作为一名中国第一代女飞行员而骄傲。

例3：白求恩同志具有毫不利己专门利人的精神作为我们大家学习的榜样。

例1前半句是"把"字句式，后半句是判断句式，应删去"把"或改为"把向沙漠进军看作是光荣而艰巨的任务。"

例2把"作为……"和"为…而……"两种句式混在一起，应在"作为"前加"对"，把"而"改为"感到"。

例3把"具有……"和"作为……"两种句式纠缠在一起。原句应改为"白求恩具有毫不利己专门利人的精神，是我们学习的榜样。"

第四节　汉语言文学知识的修辞教学

修辞是运用语言的艺术，目的在于提高语言的表达效果，它是对语言表达的用词、造句以至谋篇布局的斟酌和推敲。语言包括语音、词汇、语法三个要素，修辞就是对这三个要素的运用。在实际的语言运用中，小到一个音节、词语，大到一个句子或篇章，都有语言运用艺术的问题，都有运用修辞的问题。修辞从内容上说包括词语的锤炼、句式的选择和辞格的运用。

词语的锤炼和句式的选择就是对同义词语和同义句式的准确的有目的的选择，即运用各种表现方式，使语言表达准确、鲜明而生动有力。总而言之，就是要求教师应选择最恰当的语言形式来加强表达效果。

例如：他们写那样大的作品还改了又修改，我们平常写短文就更应多改。

此句中"改了又修改"意思虽然很明白，但语言节奏和谐，若修改为"改了又改"就比较上口。

散文《雨中登泰山》中有这样一段描写："有的石头像莲花瓣，有的像大象头，有的像老人，有的像卧虎，有的错落成桥，有的兀立如柱……"这里描绘泰山上的石头，连着用了多个比喻。泰山上的石头是各种各样的，只有这样比喻，才能描绘得比较全面。与此同时，多个分句形成了"排比"，句式和谐，语气贯通，有一定的气势。恰当地运用修辞，能使语言鲜明生动，更趋艺术化。

一、修辞的原则

逻辑主要负责"对与不对"；语法主要负责"通与不通"；修辞则主要负责"好与不

好"。在日常生活中，学生进行日常交际与阅读写作时，一个意思往往可以用不同的语言形式来表达；但如果结合语言环境来看，它们所表达的效果是各不相同的。例如，问别人姓名的方式很多，但面对不同的对象，就要选用不同的方式，如对长者或陌生人可以说请问您贵姓或请问尊姓大名，时候想要了解可以说你叫什么名字，工作人员面面一些人进行调查登记时，为简洁起见，也可以说"姓名?"修辞就是在确定表达内容的基础上，根据交际目的和具体的语言环境选择的最恰当的语言形式。一般而言，修辞的基本原则主要包含以下方面：

（一）修辞手段要为内容服务

修辞内容是指说话、写文章所要表达的思想、观点、感情、态度等信息内容；而修辞手段，是指负载信息内容的语言材料、表现方式和技巧。朱自清先生的写景散文《春》细致入微而又井然有序地展现了绚丽多彩的春天景色，歌颂了生意盎然的青春活力。作者的情绪是急切盼望的、喜悦的，在文中运用了反复的手法，"盼望着，盼望着，东风来了，春天的脚步近了。"显示出盼春已久的急切心情，还用大量的比喻、拟人的手法描绘春回大地万物复苏的情景。

（二）修辞要适应文体与体裁

汉语言文学以其丰富多样的文体和体裁而闻名，如散文、诗歌、戏剧等。每种文体都有其独特的特点和要求，因此修辞手法和技巧也需要相应的调整和变化。例如，在散文中，修辞手法可以更加灵活和自由，以便表达作者的真实感受和思维过程。而在诗歌中，修辞手法则更加注重音韵、韵律和形象的凝练。戏剧则强调对话和人物形象的刻画。因此，理解和运用特定文体的修辞方式对于汉语言文学的修辞成功至关重要。

（三）修辞要适应社会文化背景

汉语言文学不仅是语言的表达形式，也是一种文化的体现。不同的社会文化背景赋予了汉语修辞不同的含义和功能。例如，中国古代文学中常用的象征手法，如借景托物、比喻和夸张等，反映了中国古代文化中的思维方式和价值观念。而现代汉语言文学的修辞则更多地与当代社会和个体的体验相关。因此，理解和运用修辞要考虑到特定社会文化背景的影响，才能更好地实现修辞的适应性和有效性。

（四）修辞要适应语境要求

语境由主客观两种因素构成：主观语境因素，包括影响言语表达的个人身份职业、思想性格、文化教养、生活经验、心理情绪、语言习惯等；客观语境因素，包括对言语表达产生影响的时间、对象、空间、目的以及社会风气、文化传统等。在不同的语境下，修辞手法和技巧的运用也需要相应的调整和变化。例如，对于正式的学术论文，修辞手法应相对稳健和理性，以提供准确和全面的信息。而在文学作品或幽默故事中，修辞可以更加生动和夸张，以吸引读者的注意力和共鸣。因此，修辞要根据语境的需求做出相应的调整，以实现修辞的精确性和有效性。

二、修辞的作用

修辞是汉语言文学中一种重要的表达技巧，通过巧妙运用语言形式和表达手法，丰富了文学作品的内涵、增强了作品的感染力，以及提升了作品的艺术性。在汉语言文学中，修辞的作用是不可或缺的。汉语言文学修辞的作用主要包含以下方面：

第一，丰富表达。修辞在汉语言文学中的首要作用是丰富表达方式。通过巧妙运用各种修辞手法，作品更具多样性，使读者能够体验到不同的表达风格和情感共鸣。修辞可以帮助作家传递更深层次的思想和情感，使作品更加生动、形象，并且令人印象深刻。在描述一件事物时，通过修辞手法的运用，可以产生丰富的联想和想象，丰富了作品的形象、细节和场景，使读者更加能够融入作品的世界中。例如，在描述大自然时，通过使用比喻，如将阳光比作灿烂的金子，将花朵比作五彩缤纷的宝石，使得读者能够感受到大自然的美丽和壮丽；在描绘人物时，运用拟人手法，将无生命的事物赋予人性特质，使得人物形象更加鲜活、有趣。修辞手法的运用，不仅能够丰富作品的表达方式，也能够赋予作品更多的情感和思考空间。

第二，增强感染力。通过巧妙运用修辞手法，能够更有效地传递情感和思想，使读者产生共鸣和情感上的共鸣。修辞能够使作品更具感染力，拉近作品与读者之间的距离，使读者能够更加深入地理解和体验作品所传递的情感。

比喻是一种常见的修辞手法，通过将两个不同的事物进行类比，可以使读者在感知和理解上更接近文学作品所表达的情感。例如，在描写爱情时，常常使用比喻手法来比喻爱情的甜蜜和柔软，如爱情如同盛开的花朵，给人温暖和喜悦。通过将爱情和花朵进行类比，在读者心中描绘出对于爱情的美好印象和情感体验。

夸张也是常见的修辞手法，通过夸大描述来突出某种情感或者境况的强烈程度。例如，在描写悲伤时可以运用夸张手法，如泪水如江河般奔涌而出。通过夸张的形容，使得读者能够更加真切地感受到主人公内心的痛苦和悲伤。夸张手法的运用能够增加作品的感染力，使读者更容易被作品打动，并且与作品中的情感产生共鸣。

第三，强化艺术性。修辞在汉语言文学中还有一个重要的作用，那就是强化作品的艺术性。通过巧妙地运用各种修辞手法，作家能够创造出更为艺术化和精巧的语言形式，使作品更具吸引力和独特性。修辞在提升作品的艺术性方面发挥着重要的作用。

排比是一种常见的修辞手法，通过将同类或者相似的事物进行并列，能够给读者带来一种艺术上的享受。排比的运用能够使语言更加富有韵律感和节奏感，增强作品的美感和音乐性。例如，欢乐在空中飞舞，忧伤在心中掠过，希望在远方闪烁。通过排比的手法，使得作品在形式上更加优美，增强了作品的艺术性。

除了排比，汉语言文学中还有许多其他的修辞手法能够增添作品的艺术性，如倒装、对偶、反复等等，这些修辞手法的巧妙运用使得作品更具独特性和诗意，使读者产生一种美的享受和审美感受。

总而言之，汉语言文学修辞在作品中发挥着丰富表达、增强感染力和强化艺术性的作用。通过修辞手法的巧妙运用，能够更好地传递思想和情感，使作品更具生动性和吸引力，而读者也能够更深入地理解和体验作品所传递的意义和情感。因此，在汉语言文学的教学中，教师应该重视修辞的教学，培养学生对于修辞技巧的理解和运用能力，从而提高他们的表达能力和文学素养。修辞的学习和应用能够丰富学生的写作和阅读体验，使他们更好地欣赏和理解汉语言文学的魅力。

三、修辞的词语锤炼

（一）平仄相谐

平仄是声调的再分类，在现代汉语言文学中，第一、二声是平声，第三、四声是仄声。汉语的诗词曲赋十分严格地讲究声调的平仄交替，追求声音的起伏变化，已经成为汉语言特有的一种文化现象。在一般的表达中，包括口语和书面语，虽不像诗词歌赋那样要求得十分严格，但是，如果也能注意到声调的平仄相谐，就会使表达在语音上产生低昂交错、抑扬有致的美感。

例1：在铅灰色的水泥楼房之间，摇曳赏心悦目的青翠；在赤日炎炎的夏天，注下一潭诱人的清凉。

例1注意句中平仄相间的要求，起伏顿挫，铿锵响亮，优美和谐。

例2：打立夏起就断断续续地下雨。

例2这句话中的音节都是仄声，没有抑扬的变化，较为单调。

（二）音节搭配

音节搭配主要是指音节的搭配要匀整、平稳，给人以整齐和谐的美感。为了音节的平稳，应尽量选用音节相称的词语，使之互相搭配和互相对应，如单音节词对应单音节词；双音节词对应双音节词；多音节词对应多音节词。

一些意思差不多的词语，有单音节、双音节、多音节形式，我们使用时可以根据上下文挑选合适的音节。例如：

深深地相信——深信

尊敬老师，重视教育——尊师重教

汉语言文学教师在教学时应尽量多用双音节和四音节的词语，这种结构比较整齐，有节奏感。例如：

落花生——花生

电视机——电视

龙井茶——龙井

外国语——外语

在具体运用中应使语言表达自然流畅，否则，会影响表达的效果。

例如：动人｜的｜事｜数说不尽，丰收｜的｜喜讯｜到处传。

前后两句虽然字数一样，但由于节奏不同，读起来不够匀整。把前面一句的节奏调整一下，可以改为"动人的故事说不尽"，同后面的句子节奏相同，读起来就比较上口，有节奏感。

例如：这不是诗歌，但比诗更加激动人心；这不是画，但比画更美。

前后两个分句句子结构相同，但用词没有考虑到音节的节奏，因此，说起来比较拗口。在实际表达时，可根据需要考虑合适的修改方式。

例1：这不是诗，但比诗更动人；这不是画，但比画更美。

例2：这不是诗，但比诗更加激动人心；这不是画，但比画更加美丽神奇。

例1、例2这两种方式，比起例句而言，节奏匀整、平稳，整齐和谐。

（三）适当押韵

汉语的古今韵文都十分讲究在每句或隔句使用韵母相同或相近的字进行押韵。一般的书面语和口语表达，虽然可以不必刻意追求韵脚，但如果能不失时机地对句尾用字加以调整，使其自然入韵，那么就可以大大增加表达旋律的和谐与舒展，收到理想的语音效果。

例如：苍苍的榕树啊，用怎样的魔力把全村的人召集到膝下？不是动听的言语，也不是诱惑的微笑，只是默默地张开温柔的翅在风雨中为他们遮挡，在炎热中给他们荫凉，以无限的爱心庇护着劳苦而淳朴的人们。

（四）言简意深

我国古代文人十分讲究用词艺术，并把用词艺术通称为"炼字"，这个"炼字"就是现在人们所说的修辞学上的"词语锤炼"。词语的锤炼，主要是指对语言的词汇进行有目的的选用和调遣，主要是一个选择词语的问题，要求人们在词语运用的一般要求的基础上，进行深入加工，根据语境的特定内容、特定环境和特定需要，经过反复琢磨和推敲，使所决定选用的词语具有更丰富的含义与最大限度的表现力，即做到人们通常所说的"平字见奇，常字见险，陈字见新，朴字见色"，力争收到比较理想的修辞效果。

四、修辞的句式调整

句式是指句子的结构方式。人们的不同思想可以用不同的句式去表达，即使是同一个思想或内容，也可以用不同的句式去表达。一般情况下，在表达相同的一个意思或内容时，句式不同，那么语气和语调，以及情调也会随之不同，所以由此所表现出来的语言风格和修辞效果也会很不一样。准确地选择各种恰当的句式，如短句、整句、散句、口语句式等，才能够使文章通俗生动、明快流畅，这说明语言表达不仅要考虑准确运用词语、辞格，还应注意调整句式。句式对语气语调、思想情感、风格特色都会有很大的影响。在现代社会的实际交往中，人们为了更准确、更生动、更鲜明地表达思想、情感、认识、主张，就不得不根据内容而选择最恰当的句式来表达，这一个过程是取舍和调整句式的过程，就叫作句式的调整。简单而言，句式的调整指根据表达内容的实际需要选择使用最准确最恰当的句式。

（一）常式句与变式句

语序是汉语的一个重要的语法手段，也是一个重要的修辞手段。单句中一般主语在前，谓语在后；定语在主语、宾语的前面，状语在谓语的前面。如果是表示因果、假设、条件、转折等偏正关系的复句，应该是偏句在前，正句在后。按常见句序组句的句子叫作常式句，对常用的句序作变更和调整就形成了变式句。变式句与常式句相比，虽然结构改变，但意思基本相同，只是语气、语意侧重方面有一些修辞的附加意义。变式句的作用是突出某个重点，强调某种感情，而且往往比常式句的语气强烈。

例1：多好看哪，这满树的梨花。

例1句主谓倒置，强调"好看"，突出了赞叹、喜悦的感情。常式的主谓句重在陈述，语气平缓；改为变式，语气急迫，有很强的感情色彩。

例2：荷塘四面长着许多树，蓊蓊郁郁的。

例2句定语后置，突出了"树"的茂盛。

例3：海在我们脚下沉吟着，诗人一般。

例3句状语后置，突出了大海的低沉的潮声。

例4：如果我能够，我要写下我的悔恨和悲哀，为子君，为自己。

例4句状语后置，表现了涓生哽咽不已，语无伦次，凄凄惨惨的人物情态。

例5：今晚却很好，虽然月光也还是淡淡的。

例5句将正句提到偏句之前，强调了"好"，突出了对"今晚"小路景色的欣赏之情。

总而言之，变式句的特点主要包括：①它是修辞上的一种临时变化，句子成分之间的语法关系没有变，可以还原成常式句；②变式句的意义没有变，只是突出某个重点，强调某种感情；③变式句往往比常式句语气强烈。

（二）长句与短句

长句是指使用的词语多、结构和内容比较复杂的句子，单句中任何一个或多个成分过长，复句中任何一个或多个分句过长都会形成长句。长句内涵丰富，便于严密周详地阐述事物，精确明晰地说明问题，委婉细腻或气势畅达地抒发感情，所以长句多用于书面语，多用于政论语体和科技语体，有时也用于文艺语体中描绘景物和抒发深长细腻的感情。短句是指词数少、结构和内容比较简单的句子，它的修辞效果是简洁生动，明快有力，语言流畅，更接近语言的自然状态。便于叙事状物，抒发激越的感情，表达急促的语气，描写紧张的场面，所以较多用于口语。

例1：鲁迅是在文化战线上，代表全民族的大多数，向着敌人冲锋陷阵的最正确、最勇敢、最坚决、最忠实、最热忱的空前的民族英雄。

例1中宾语"英雄"前有状语，还有很多定语，集中体现了毛泽东同志对鲁迅先生全面的高度的评价。

例2：首先看到的是小屋前面的树，那些树把小屋遮掩了，只在树与树之间露出一些建筑的线条，一角活泼翘起的屋檐，一排整齐的图案式的屋瓦，一片蓝，那是墙；一片白，那是窗。我的小屋在树与树之间若隐若现，凌空而起，姿态翩然。本质上，它是一幢房屋；形式上，却像鸟一样，蝶一样，栖于枝头，轻灵而自由！

例2描绘了远望小屋在树木掩映下的情景。运用了许多短句，简洁明快，生动活泼，在节奏上具有跳跃感，表达了作者欣喜与赞赏之情。

长句与短句各有特点和独特的作用，说话或写文章，使用长句还是短句，要视内容的表达而定。长句化为短句的方法主要包含以下方面：

1. 分散法

分散法是将长句中某个过长的结构成分拆散，分成多个短句表达。

例1：这里更以巨幅立体的山水壁画、洁白透明的罗纱帐、晶莹奇特的石花和玻璃管状的天丝等"四绝"而著称。

例1句的主语和谓语之间插入了很长的状语，使人很难把握住句子的主干。

例2：（将例1化短）这里更以"四绝"而著称，这"四绝"是巨幅立体的山水壁画、洁白透明的罗纱帐、晶莹奇特的石花和玻璃管状的天丝。

分解后，第一句是原句的主干，第二句虽然宾语较多，但这是一个判断句，句子在结构上比较简单，容易理解。

2. 反复法

例1：这出戏一开始就给观众展现了辽阔无际的草原上欣欣向荣的大好风光和牧民群众为开辟草原牧场，架设桥梁而战斗的动人场面。

这个单句要改短，可以拆开联合结构，删去"和"，补上"展现了"，就可以构成包含两个分句的复句。

例2：（将例1化短）这出戏一开始就给观众展现了辽阔无际的草原上欣欣向荣的大好风光，展现了牧民群众为开辟草原牧场，架设桥梁而战斗的动人场面。

3. 称代法

称代法是将长句中某个过长的成分抽出来，独立成句，为了强调这部分和原句的联系，再用代词加以指称。

例1：香山是人们春游踏青、夏季避暑、秋观红叶、冬赏雪景，以及乘坐索道缆车，登高远眺京华风光的绝佳之处。

例2：（将例1化短）香山是人们乘坐索道缆车，登高远眺京华风光的绝佳之处。在这里人们可以春游踏青、夏季避暑、秋观红叶、冬赏雪景。

（三）整句与散句

整句与散句是就一组句子而言的，一般认为，对于两个以上的句子，如果它们的结构相同或相似，排列整齐，结构匀称，音节数目相同，就叫作整句。如运用对偶、排比、反复、回文之类辞格的句子，本身就是整句。从修辞效果看，整句形式整齐，声音和谐，气势贯通，意义和内容随形式的整齐而表达得集中、鲜明、形象和生动，这种整句的句式，大多被用在散文、诗歌和演讲词中，以表达丰富的情感。

例1：足以举目千里，足以俯仰天地，左顾有山外青山，右盼有绿野阡陌。适于心灵散步，眼睛旅行，也就是古人所说的游目骋怀。

例1连用三组对偶句，形式工整，匀称自然，音韵和谐，节奏鲜明，言简意赅，描绘出作者在山间小屋尽情眺望的无拘无束之态，表达了他的无限喜悦之情。

例2：洲上亭亭如盖的雪松，形如宝塔的绿柏，青翠欲滴的淡竹，互相掩映，构成了"翠洲云树"的雅致景色。

例2用一组排比句状物写景，深刻细腻地描绘了玄武湖"翠洲云树"的美丽景色。

两个以上的句子，如果它们的结构不同，排列不整齐，长短各异，结构不匀称，音节数目不相同，多种形式的句子交错使用，就叫作散句。散句的形式特点是各种结构形式交叉并用，因而它的修辞效果也是多种多样的，即具有丰富、灵活、多变的特点，声音错落，能"随物赋形"，能曲折尽意，能够避免单调、呆板，能够散而不乱，可以收到生动活泼和引人入胜的效果。

例3：山上的环境是独立的，安静的。身在小屋享受着人间清福，享受着充足的睡眠，以及一天一个美梦。

例3是散句，真实而自然地表达了作者在小屋生活的那种惬意感受。

一般而言，整句和散句各有各的用处。单纯用整句的时候比较少（古代诗歌等除外），因为有形式的限制，不便于表达各种复杂的思想感情。单纯用散句的时候比较多些，因为它不束缚思想内容的表达，自由灵活。表达时若能恰到好处地把整句和散句配合使用，则能兼收整句和散句的修辞效果，使文章变幻多姿，错落有致，流丽洒脱，朗朗上口，优美的语言配合恰当的句式，使整体流畅自然。

例4：我把一切应用的东西当作艺术，我在生活中的第一件艺术品——就是小屋。白天它是清晰的，夜晚它是朦胧的。每个夜幕深垂的晚上，山下亮起灿烂的万家灯火，山上闪出疏落的灯光。山下的灯把黑暗照亮了，山上的灯把黑暗照淡了，淡如烟，淡如雾，山也虚无，树也缥缈。

例4基本以整句为主，共有五组整句，间以散句，使对小屋夜晚景色的描述语势连贯，活泼顺畅，具有很强的艺术感染力。

（四）主动句与被动句

主动句与被动句是就句子中主语和谓语的关系说的。如果主语是动作、行为的发出者，就是主动句，如果主语是动作、行为的支配对象，就是被动句。主动句强调动作的发出者，强调发出者的动作、行为怎么样；被动句强调动作、行为的承受者，强调承受者受到动作后的结果。

例1：桂林山水把我吸引住了。

例2：我被桂林山水吸引住了。

这两句意思相同，但例1强调桂林山水对人的吸引，是主动句；例2突出"我"看到桂林山水受到的影响，是被动句。

汉语被动句的使用，一定程度上要受到语言运用习惯的影响，主要表现在：①汉语被动句往往带有一定的语言文化色彩，特别是常常用带有"被"字的被动句表示表达者所不希望发生的消极结果；②大量具有被动的意义的句子，并不使用有"被（让、叫、给）"字的被动结构表达。

主动句与被动句的选择使用，要根据表达需要。被动句的主要作用包括：

第一，强调突出动作或行为的承受者（受动者），不想、不必或者无从说出主动者。

例1：不久之后，我的病情当真出现了变化，我被接到城里，随即住进了医院，一直过了三个多月，在中秋季节才又被送回郊区疗养，我又回到了这个小小的院落，房主人在我安顿了行李后马上就告诉我，他一直为我照看着那个小花池。

例2：正说着，门被推开了。一个须眉花白的瑶族老人站在门前，手里提着一杆明火枪，肩上扛着一袋米。

例3：那瀑布从上面冲下，仿佛已被扯成大小的几绺；不复是一幅整齐而平滑的布。

例1强调被动的她，不想把主动者说出。

例2的主动者在下文马上就要做交代，因此未出现。

例3的主动者无从说出。

第二，为了保持叙述角度的一致，使前后语义连贯，语气畅通，这种情况一般受上下文的影响。

例如：或者把老虎打死，或者被老虎吃掉，二者必居其一。

上述例句中被动句的使用，使主语统一，叙述角度一致，语气顺畅，保证了语意的完整贯通。

（五）直陈句与反问句

直陈句与反问句也是一组同义句式。用直接陈述的方法表达肯定或否定语意的是直陈句，用反问的形式表达肯定或否定语意的是反问句。

例1：谁都为之惊叹！

谁能不为之惊叹！

例2：不用搞这种欺天愚民的事！

何必搞这种欺天愚民的事！

两组例句，前一个都是直陈句，后一个都是反问句，例1都表示肯定；例2都表示否定。无论是直陈句，还是反问句，都表示确定的意思。

纯粹的反问句（不含否定词），表示的是否定意义，常用"难道……吧""怎么……呢""何必……呢""还……呢"等格式，如何必大惊小怪呢，意思是不用大惊小怪。在表示否定意义的反问句中再使用一个否定词，等于是双重否定，这样的反问句表示肯定的意思，如谁能不为之惊叹呢，意思是都为之惊叹。

反问句的主要作用是加强语气，增强表达的感情色彩。用反问句表达质问、埋怨等情态，比一般直陈句的肯定式或否定式更有表现力；用反问句抒情也能收到较好的效果。

例如：往返于快乐与幸福之间，哪儿还有不好走的路呢？

例句中用反问句的形式抒发了作者快乐、幸福的思想感情，感情充沛而深切。

（六）肯定句与否定句

肯定句与否定句这组同义句式的区别不在于结构形式，主要在语气方面。一般而言，表达相同的意思时，肯定句语气比较果断、直截了当；单重否定句的语气比较委婉、缓和一些。例如，难看与不好看，反对与不同意，难与不容易，有错误与不是没有错误，应该尊重与不应该不尊重等。前者表示肯定，语气明确；后者以否定形式表达与前者基本相同的意思，但语气比较缓和，并留有一定的余地。

例1：河岸是绿的，高坡是绿的。绿色一直接上了远远的青山。这种绿色使人在梦里再也忘不了，好像细致地染在心灵里。

例1用单重的否定使表达更鲜明、生动。

例2：从前线回来的人说到白求恩，没有一个不佩服，没有一个不为他的精神所感动。

例2用双重否定能够增强肯定的语气。双重否定句，表达肯定的意思，语气一般比相对应的肯定句重一些。

但有时用"不……不""不……无"等格式构成的双重否定句，语气比一般肯定句要委婉些。

例3：同来的人都知道，他不会不了解吧！

例4：我们不懂的东西还很不少，都迫切需要虚心学习。

五、修辞的运用

修辞，又叫作辞格、修辞方式，指各种具体的修辞方法，是人们为了使语言生动形象，而从大量的自觉或不自觉的修辞手段或语言使用技巧中，概括并提炼出来的一些既被人们承认和使用，又自然显现出比较固定的语言修辞格式。认识、学习、熟悉和掌握修辞，是学习汉语言文学的一个不可缺少和十分重要的知识内容。根据辞格的规律，在不同的语言环境中，灵活多变地运用各种修辞方法，就可以使表达更加准确、鲜明、生动和活泼。

（一）比喻

在描写事物或说明道理时，用同它相似事物或道理来打比方，这种修辞就叫作比喻。比喻利用事物之间的相似特征，以此喻彼，用一事物说明另一事物，增强语言的具体性、实感性和生动性。比喻修辞，一般包含：①被描写或说明的事物，即被比方的事物，通常叫作"本体"；②用来做比喻的事物，即用来打比方的事物，通常叫作"喻体"；③联结本体和喻体的词语，即连接二者的词语，通常叫作"喻词"，也可以叫作"比喻词"。从理论上而言，本体和喻体是本质上不同的两种事物，因为它们之间在某一方面有相似点，才构成了比喻关系，而成为比喻辞格。比喻辞格的基本形式即基本格式是：本体——比喻词——喻体

1. 比喻的分类

根据本体和喻体的关系，以及喻词的异同和隐现，比喻主要分为以下方面：

（1）明喻。明喻的构成方式是本体、喻体都出现，中间用"像""如""似""仿佛""犹如""好像""……似的""……一样"一类的喻词，联系本体、喻体。

例1：而我的心却像一只小鸟，从哨音里展翅飞出去，飞过迷濛的烟水、苍茫的群山，停落在故乡熟悉的大榕树上。

例2：那声音如同千万辆坦克同时出动，发出山崩地裂的响声，好像大地都被震得颤动起来。

例3：桂林的山真奇啊，一座座拔地而起，各不相连，像老人，像巨像，像骆驼，奇

峰罗列，形态万千；桂林的山真秀啊，像翠绿的屏障，像新生的竹笋，色彩明丽，倒映水中。

（2）暗喻。暗喻的比喻关系不太明显，表面看起来不像比喻，实际上暗中打个比方，其基本格式是"本体是喻体"。喻词常用"是""成为""等于"之类。但有时也不用喻词。

例1：再近些，只见白浪翻滚，形成一道两丈多高的白色城墙。

例2：慕田峪长城这条银线，东连古北口，西接黄花城，在燕山崇山峻岭的层层遮掩之中，横挂在西北，给黛青色的山峰戴上一条白色项链。

（3）借喻。借喻是一种省略性比喻。在借喻中，本体和喻词都不出现，直接用喻体代替本体。

例1：阳朔县城和阳朔人是处在一朵莲花的花蕊里，如此诗情画意，真是美不胜收。

例2：冬日居山观赏别有情趣。在山岙峡谷里曝日，无一丝凛冽寒风，却别样温暖。每逢银花纷飞、玉龙起舞时，民居古刹变成了琼楼玉宇，人仿佛跨进了广寒宫，置身于琉璃仙境。

2. 比喻的运用原则

汉语言文学中的比喻是一种常见的修辞手法，它通过对两个事物之间的相似之处进行对比，以达到形象生动和有效表达的目的。比喻不仅可以丰富语言形式，增强表达力，还可以提高读者对文学作品的理解和感知。汉语语言文学的比喻广泛应用于各个层面和领域，包括描述人物形象、描绘景物、表达情感等。汉语言文学比喻的运用原则主要包含以下方面：

（1）汉语言文学比喻的运用需要具备类比的逻辑。比喻通过将两个不同的事物进行类比，使得读者可以通过已知事物的属性来理解未知事物。比喻的类比逻辑要求被比喻事物与比喻事物之间存在着某种相似性，这种相似性可以是形态的、语义的、功能的等。例如，常见的"明月"比喻美丽的女性，是通过将女性的形象与明亮、清洁的月亮相类比，以形象生动的方式表达女性的美丽，类比的逻辑关系使得比喻更具说服力和可理解性。

（2）汉语言文学比喻的运用需要符合语境和文学特点。比喻在文学作品中的运用应该符合整体语境和文学特点，既要结合作品的主题和风格，又要融入作品的背景和情境。在唐代诗歌中，常常通过描绘自然景物，运用比喻来表达作者的情感和思绪，其中，一个重要的原则是比喻的意象应当与作品的整体风格与主题相一致。在文学作品中，比喻作为一种修辞手法，不仅是语言的装饰，更重要的是能够丰富作品的意义和深化读者的理解。因此，比喻的意象选择应当与作品的整体风格和主题相协调。，当作品的风格较为轻松和幽默时，比喻的意象也应该更加诙谐和巧妙，以增加作品的趣味性。

（3）比喻的意象应当简洁明了。比喻作为一种修辞手法，在语言表达中起到了承上启下的作用。一个好的比喻应当能够迅速准确地传达出作者的意图，给读者留下深刻的印象。因此，比喻的意象应当尽量简洁明了，使读者能够迅速地进入作品的氛围，感受到作者的情感。

（4）比喻的运用还需要注意比喻的逻辑合理性。虽然比喻是通过对两个不同的事物进行类比，但这种类比关系应当是合理且贴切的。比喻的意象选择应当基于共通性和相似性，而不应出现过于牵强和无理取闹的类比。

（5）汉语言文学比喻的运用还需要注重形象的独特性和新颖性。一个好的比喻应当能够给读者带来新的感受和想象，使他们对作品产生更深入的理解和体验。因此，在选择比喻意象时，作家应该尽量避免常见的、平凡的比喻，并尝试寻找那些独特而创新的意象。

（6）在比喻的运用过程中还需要注意比喻的连贯性和一致性。比喻所选取的意象应当与作品的整体情节和主题相呼应和贴合，使得比喻在作品中具有内在的连贯性。

（7）汉语言文学比喻的运用也需要注重比喻的多样性和变化性。一个好的比喻应当能够让读者产生新鲜感并引起他们的兴趣和思考。在选择比喻意象时，作家可以尝试从不同的领域和事物中获取灵感，通过多样化的比喻手法来丰富作品的表达。

（8）运用比喻时还应该注意比喻的合理程度和适度。比喻不能过于牵强或夸张，否则会产生不真实的感觉，影响读者的理解和接受。适度的比喻可以让读者更好地理解和感受到作品所表达的意义。

（9）比喻的运用需要与读者的认知背景相契合。不同读者的教育背景、文化素养和经验积累等会影响他们对比喻的理解和接受程度。因此，作家在运用比喻时需要考虑读者的接受能力，选择那些广为人知、具有共通性的比喻意象。例如，在描写快乐的情绪时，使用"如沐春风"这个被广泛接受的比喻意象，可以让读者迅速理解并感受到作者所要表达的情感。

总而言之，汉语言文学比喻的运用原则包括关注比喻的类比逻辑、符合语境和文学特点、与作品整体一致、简洁明了、逻辑合理、形象独特性和新颖性、多样化和变化性、效果和效果维持以及与读者的认知背景相契合等。通过合理有效地运用比喻，可以丰富作品的意义和形象，增强作品的感染力和艺术性。与此同时，读者也可以通过比喻来深入理解作品、拓展思维，加深对人物形象、情感和主题的认知和感受。比喻作为一种重要的修辞手法，不仅是语言的装饰，更是文学创作和阅读过程中的重要元素之一。

（二）借代

不直接说出要表达的人或事物原来的名称，而是有意识地借用同这个人或事物有较为密切关系的事物来代替，这种换一个名称的辞格叫作借代，其基本模式是"甲乙相关，以乙代甲"。被代替的事物称为本体，用来代替的事物称为借体。借代辞格主要重在事物的相关性，利用客观事物之间出现的种种关系，巧妙地使它形成语言上的艺术换名。通过借代的修辞，可以引起人们的充分联想，使表达收到形象突出、特点鲜明和具体生动的修辞效果。

例如：那个红领巾把刚捡到的一块手表，交给了十字路口一位执勤的警察叔叔。

例句的这个借代句，本体是"少先队员"，借体是"红领巾"。

从例句可以发现，借代辞格的形式是：本体不出现，借体出现，没有像比喻句那样的比喻词。古今中外，借代修辞是各民族语言都具有的修辞现象。例如，我国古人用"社稷"（这个词语的意思是土神和谷神，古代君主都祭社稷）代指"国家"；"烽火"代指"战争"；"玉兔"代指"月亮""金乌"代指"太阳"；"朱门"代指"富豪大户和贵族"，"布衣"代指"平民百姓"；"杜康"代指"酒"等。

1. 借代的方式

借代的方式主要包含以下方面：

（1）特征代本体用人或事物的特征、标志去代替本体事物的名称。

例1：风筝花花绿绿，各式各样，有"老鹰"，有"鹦鹉"，有"仙鹤"，有"蜈蚣"……

例2："原来你家小栓碰到了这样的好运气了。这病自然一定全好；怪不得老栓整天地笑着呢。"花白胡子一面说，一面走到康大叔面前……

（2）专名代泛称用具有典型性的人物或事物的专用名称代替本体事物的名称。

例如：生活的经验告诉我们：一个爽朗愉快、无忧无虑"乐天派"，往往健康长寿，得享天年；一个愁眉苦脸的、忧心忡忡的"林妹妹"，很容易积郁成疾，甚至过早夭折。

例句这里用"林妹妹"即林黛玉代多愁善感的人。

（3）具体代抽象。

例如：模范不模范，从西往东看，西头吃烙饼，东头喝稀饭。

用"烙饼""稀饭"代指东西两头不同的生活水平。

（4）部分代整体用事物具有代表性的部分代替本体事物。

例如：我们要保护旅游景观不受破坏。要爱护这里的一山一水、一草一木。

例句以"一山一水、一草一木"代指一切自然景物，具体形象地说明保护环境和旅游资源要从点滴做起。

借代和借喻有相近的地方。借喻是喻中有代，借代是代而不喻；借喻侧重"相似性"，借代侧重"相关性"，借喻可以改为明喻，借代则不能。

2. 借代的运用原则

运用借代，借体必须有明显的代表性，使人理解所指称的事物，有时本体事物在上下文要交代清楚。另外，用人物的形体特征作借体时，要注意它的褒贬色彩和使用场合的不同。

（三）比拟

根据想象把物当作人写，或把人当作物写；或把甲物当作乙物来写，这种修辞叫作比拟。比拟是物的人格化或人的物化，所以就具有思想的跳跃性，就能使读者展开想象的翅膀，捕捉它的意境，体味它的深意。正确地运用比拟，不仅可以使读者对所表达的事物产生鲜明的印象，而且可以感受到作者对该事物的强烈的感情，从而引起共鸣。比拟可分为以下方面：

1. 拟人

把物当作人来写，赋予"物"以人的言行或思想感情，这种比拟叫作拟人。

例1：这两棵石笋拔地而起，活像两位得道成仙的老寿星，并立河畔。今天是吉祥之日，您瞧，他们互相正背对着拱起双手向各位祝寿祝福呢。赐给各位游客事业成功，生活美满，增寿延年。

例2：鸟儿将巢安在繁花嫩叶当中，高兴起来了，呼朋引伴地卖弄清脆的喉咙，唱出婉转的曲子，跟轻风流水应和着。

例1中"互相正背对着拱起双手向各位祝寿祝福"将石笋人格化，使它们具有人的思想和感情。

例2中用了很多带有人的思想情感、动作行为特点的词语，形象生动。如"安""高兴""呼朋引伴""卖弄""唱出……曲子""应和"等。

2. 拟物

把人当作物来写，也就是使人具有物的情态或动作，或把甲事物拟作乙事物，这种比拟叫作拟物。

例1：一路上草木如洗。我第一次知道绿原来有这么多层次。深深浅浅，苍郁青碧，又全都盈盈欲滴，真是绿得使心肺都要伸展枝叶，碧翠尽染，纵横流淌了……

例2：我到了自家房外，我的母亲早已迎着出来了，接着便飞出了八岁的侄儿宏儿。

例1"真是绿得使心肺都要伸展枝叶，碧翠尽染，纵横流淌了"和例2的"飞出"都是人的物化。

例3：而后，歌声从这儿冲破滚滚尘沙，飞过黄河，飞过长江，战火闪烁，战鼓雷鸣，人们用自己的鲜血与生命染红了我们英雄战斗的年代。

例3"歌声"不是鸟，却可展翅飞翔；"鲜血与生命"不是颜料，却可当作颜料来写；年代也是不可染的东西，却说成"鲜血与生命染红了我们英雄战斗的年代"，这是把甲物比作乙物来写。

运用比拟需要有真情实感，并符合事物特征。

（四）排比

在运用语言时，把三个以上句式结构相同或者相似，语气一致，意思密切相关的句子或句子成分排列起来，表示语意的强调或感情的加深，就是排比的修辞。排比修辞是一种富有极大表现力的修辞方式，可以突出地把作者的感情、说话的气势表达出来。在语言上可以使前后句子连接贯通，结构紧凑，文意流畅，语势强劲，具有句式整齐、节奏明快、音韵优美的特点。

例1：如果说华山以险见长，黄山以奇取胜，庐山以秀闻名，泰山以雄著称，那么可以说崂山险、秀、奇、雄兼而有之。

例2：北戴河的美，是四季的美，它受海洋气候的调节，春光明媚，鸟语花香；夏无酷暑，水碧沙明；秋高气爽，蟹满鱼肥；冬无严寒，静谧安详。

运用排比要注意：

第一，形式必须适应内容的需要，不能为了加强气势而不顾内容如何，滥用排比。例如，我从报上读了这位优秀导游员的事迹以后，觉得他的确是我们学习的模范，学习的表率，学习的榜样。"模范""表率""榜样"意思相似，造成同义重复。

第二，排比的各项不能互相包含，必须是轻重相称、平等并列的关系。例如，人与人之间的感情有许多种，有亲情，有友情，有爱情，还有真情，这里"真情"与前面列举的感情有重合的部分，不能并列。

（五）夸张

为了表达上的需要，故意言过其实，对客观的人、事物作扩大或缩小的描述，这种修辞叫作夸张，这种方式可使人获得鲜明突出的印象。

1. 夸张的分类

夸张的分类主要包含以下方面：

（1）扩大夸张。故意把事物往高、大、多、重、强等方面描述，是扩大夸张。

例1：鄂尔多斯蒙古族酷爱歌唱，他们的歌声以其纯净、质朴的优美旋律而形成独特的风格。有人说，鄂尔多斯蒙古族的民歌多如牛毛，三天三夜也唱不完一个牛耳朵。

例1借助比喻的形式对鄂尔多斯蒙古族的民歌数量进行了夸大，形象、生动，给人留下深刻的印象。

例2：台蘑是五台山颇有盛名的一味山珍……当地群众素以"莜面窝窝，蘑菇汤"待客，真是"一家喝汤，十家闻香"。

例2用"一家喝汤，十家闻香"突出了五台山蘑菇的奇异香味。

（2）缩小夸张。故意把事物往小、低、少、轻、弱等方面描写，是缩小夸张。

例1：三十八年过去，弹指一挥间。

例1把三十八年时间缩短为"弹指一挥间"，以此表达对时光飞逝的感慨。

例2：出川正洞，迎面悬崖如壁，挡住去路，再往前走，却见石壁中有裂隙，内有山径，可容一人侧身通过。在石壁中行走，仰望蓝天一线，左右削壁夹峙，真有"一夫当关万夫莫开"之势。

例2的"蓝天一线"突出了山径异常窄小的特点。

（3）超前夸张。事物的出现有先后顺序，把后出现的事物说成先出现的，或者同时出现的，就是超前夸张。

例如：只要牛医生给我看病，总是药还没有吃下，这病就会自然好多啦。

一般按常理而言，病人先吃药才会使病情有所缓解，直至痊愈。但例句的描写"总是药还没有吃下，这病就会自然好多啦"是有意识地把后出现的事说成先出现的事，是为了突出"牛医生"的医术高明，深受患者信赖。

2. 夸张的特点

（1）强调性。夸张的目的是为了强调某个事物或情感，通过夸张的手法使之更加突出、显著。

（2）渲染力。夸张能够通过夸大、渲染的方式将描述对象表达得更加生动、形象、有感染力，使读者产生强烈的情感共鸣。

（3）象征性。夸张往往通过象征、隐喻的方式来揭示一些深层含义，使作品更富有艺术感和思想性。

（4）推理性。夸张在表达上往往需要读者进行一定的推理，通过夸张的手法，读者能够自主思考，进一步理解作品中的意义。

3. 夸张的运用原则

（1）合理性原则。夸张的使用应该符合作品的整体逻辑和氛围，不能过于突兀或与作品的主题相悖。

（2）真实性原则。夸张的表达虽然追求夸大和渲染，但不能完全脱离实际和真实性，夸张应该有一定的依据和合理性。

（3）把握度的原则。夸张的程度需要把握好，过度夸张可能会引发读者的怀疑和反感，适度夸张则能够更好地达到修辞的效果。

（4）贴合对象的原则。夸张的表达方式需要与表达对象相匹配，不能过于生硬或过于夸张，应该根据对象的特点和作品的需要进行选择。

（六）对比

对比就是把两个不同的事物或者同一事物的两个不同方面放在一起，加以互相比较，从而使事物的性质、状态、特征更加鲜明突出的一种修辞方式。对比的分类一般包含以下方面：

1. 两体对比

把两种根本对立的事物放在一起进行对照，是对比中的两体对比。

例1：中国有句成语叫作"环肥燕瘦"，除了反映杨玉环、赵飞燕两位绝代佳人的体形特征外，也表明唐与汉不同的审美观念。唐代文化的表现性由这几件陶俑也看得很清楚，其热烈、外向、放恣、大胆，与汉代女性那种冷静、内向、文雅、含蓄的美截然不同。

例2：青山有幸埋忠骨，白铁无辜铸佞臣。

例1句中以多组反义词，说明了汉代与唐代社会人们的审美观念和思想性格特征的差异。

例2中的作者为"青山"能"埋忠骨"受人敬仰而感到庆幸，为"无辜"的"白铁"因被铸成"佞臣（秦桧等人）"遭人唾弃而深感不平。"有幸"的"青山"与"无辜"的"白铁"，"忠骨"与"佞臣"形成鲜明的对比，语意丰富、深刻。

2. 一体两面对比

把同一事物中矛盾对立的两个方面放在一起对照，能把事物说得更透彻、更全面，对比中的一体两面对比。

例如：横眉冷对千夫指，俯首甘为孺子牛。

例句中的鲁迅先生以此表明了自己为人的原则——爱憎分明。

对比是运用得非常广泛，且很有表现力的修辞方式，它便于分清好坏，明辨是非，增强说服力，也使文章层次井然。

运用对比必须注意，用来对比的事物，无论是两物还是一物的两个方面，都必须有突出的相反、相对的关系，才能对比鲜明，达到良好的效果。

（七）拈连

拈连是在叙述甲乙两个有关联的事物的时候，巧妙地把适用于甲事物的词顺势用于乙事物的修辞方式。甲事物一般都是具体的，乙事物一般都是抽象的，其基本模式是"移花接木，前拈后连"。拈连主要包含以下方面：

1. 直接拈连

乙类事物不借其他修辞方式同甲事物相连就是直接拈连。

例如：蜜蜂是在酿蜜，又是在酿造生活，不是为自己，而是为人类酿造最甜的生活。

例句中的"酿"本来是用于甲事物的"蜜"，这里顺势"拈"来"连"在乙事物"生活"上，使不搭配的动宾结构，在超语言常规的用法下，巧妙自然地拈连起来。

2. 间接拈连

乙事物要借助其他修辞方式同甲类事物相连就是间接拈连。

例如：岁月匆匆地淌着，可淌不走我们的记忆。

例句中先把岁月比拟成可淌的液体，再由此指出"淌不走我们的记忆"，这里离开了前面的比拟，后面就连不上。

拈连往往是人们联想的结果，后面的拈连往往是字面意思的深化和跃进，如"人穷志不穷""身残志不残"等。运用拈连这种修辞可以表达作者对现实事物的强烈感情，能使语言生动活泼，新鲜别致，也可以收到语气贯通的效果。

（八）仿词

仿词是在现成词语的比照下，更换词语中的某个词或语素，临时仿造新的词语的修辞方式。仿词和被仿的词同时出现，这样，仿词在意义上就有所依托，形成反义对用，起到相互映衬、启人联想的作用。

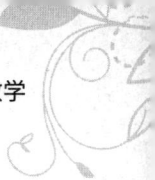

例1：希望大家积极支持文字改革工作，促进这一工作，而不是促退这一工作。

例1句中的"促退"仿"促进"而造，说法新鲜，用词简练，启人深思。

有时仿词也可以单独出现，这时被仿的词潜在地起作用。

例2：他自己开来的学历，并没有学位，只是个各国游荡的"游学生"。

例2句中的"游学生"是依据人们熟知的"留学生"一词仿拟而来，既恰当，又自然；既俏皮，又含讽刺。

例3：有一些特产丰美、名胜古迹多的地区，更是宾客盈门，高朋满座。人们有时变成了"内交家"，自愿地或被迫地生活在彬彬有礼、客客气气的应酬活动之中。

例3句中因为有"外交家"这个词潜在地起作用，所以"内交家"的仿词身份一眼便可看出，它的调侃口吻、幽默情趣十分明显。

仿词也有近义、同义的仿造形式，词、词组（包括成语等）都可以仿造。仿词可以是"一对一"的，也有"一词多仿"的。

仿词大都在文中表现讽刺或诙谐、幽默的味道，有时深刻有力地突出事物的本质，显示出新鲜而风趣的表达活力，如以前有"铁饭碗"（比喻非常稳固的职位）这个惯用语，人们就此仿造了"金饭碗"（比喻收入颇丰的职位）、"瓷饭碗"（比喻不稳固的职位）等。

运用仿词必须注意：①仿词的意义要明确，特别是只有仿词出现时；②单用仿词一定要加引号，使人明确看出仿词；③仿词与被仿的词语在结构形式上一般要一致，应具有一定的逻辑性。

（九）引用

在表达中引用现成的语言材料（名人名言、典故、文章诗句、传说、谚语等等）以提高表达效果的方式，在修辞上就被统称为"引用"。恰当地运用引用能使论据确凿、增强说服力，还可以使语言简洁、含蓄、生动活泼，含义丰富，富有启发性。引用的分类主要包含以下方面：

1. 暗引

暗引是把别人的话或语句直接组织在自己的话里，不注明出处，能够修饰语言，并增添一定的感染力，使行文显得流畅自然。

例如：古代秦国东面有"一夫当关，万夫莫开"的函谷关，这函谷关实际上是一道长形的山谷，东自崤山，西至潼津，号称"天险"。

例句虽然没有注明出处，但引语为许多人所熟知，用"一夫当关，万夫莫开"来表现函谷关地势险要这一方式，比起直接用"险要"一词含义要深刻得多。

2. 明引

明引即正面明白地直接引用原句，它的特点是出处明确，说服力强。

例如：江苏镇江市北固山上的多景楼相传是刘备夫人孙尚香梳妆台旧址，宋代书画家米芾誉之为"天下江山第一楼"。

例句引用宋代著名书画家米芾对多景楼的赞誉，促使人们深刻认识多景楼的历史和旅游价值。引语有以一当十的修辞效果。

3. 意引

意引即不直接引用原话（原文），只引用原话（原文）的主要意思。简单地说，就是不引原文，只引原意。表面上似乎看不出是引用，但事实上是引用。一般适用于要引用的内容不容易理解或内容太多时，用意引的方式通俗地或概括地表达出来。

例1：中国园林是由建筑、山水、花木等组合而成的综合艺术。明代的唐枢在比较黄鹤楼、岳阳楼孰胜时说：岳阳胜景，黄鹤胜制。

汉语言文学教师在讲解中，使用引用的修辞，而且有时还需要根据情况综合运用以上多种引用方式。

例2：据文献记载，解州关帝庙创建于隋初，宋真宗大中祥符七年（1014年）扩建，前后经过30余次的增建重修，形成了我国传统的"前朝后寝"的格局，颇有王宫帝阙的非凡气宇。

例2句使用了意引、暗引的手法。

（十）修辞的综合运用

在实际生活中，人们运用语言表情达意，除了上述常用修辞，还会用到其他很多的修辞手法，如对偶、引用、反语、顶真、回环、层递、双关、通感、婉曲等。另外，在实际语言运用中，由于表达上的某种需要，往往把多种修辞综合起来一起运用。换言之，就是在一段话，甚至一句话中往往同时使用多种修辞手法。修辞的综合运用主要包含以下方面：

1. 连用

修辞的连用是指两个或两个以上的修辞在一个句子或一个句群里接连使用，其特点是所用修辞各自独立，它们之间的关系是平等的，不分主次。修辞连用又可分为同类修辞连用和异类修辞连用两类。

例1：如果说瞿塘峡像一道闸门，那么巫峡简直像江上一条迂回曲折的画廊。

例2：层层的叶子中间零星地点缀着些白花，有袅娜地开着的，有羞涩地打着朵儿的；正如一粒粒的明珠，又如碧天里的星星。

例1是同类修辞连用，连用了两个比喻。

例2是异类修辞连用，先是拟人，后是两个比喻。

2. 兼用

修辞的兼用指一个语言片段同时使用两种或两种以上的修辞。

例1：山舞银蛇，原驰蜡象，欲与天公试比高。

例2：洗手的时候，日子从水盆里过去；吃饭的时候，日子从饭碗里过去；默默时，便从凝然的双眼前过去。

例1中的三句，是比喻修辞，也是拟人修辞，又是夸张修辞。

例2是三个分句，是排比修辞，也是拟人修辞。

第三章 汉语言文学教学标准

第一节 古代文学教学标准

一、古代文学教学目标

"在中国古代文学教学中传承中华优秀传统文化，能够有效培养当代大学生的民族自信心和民族文化认同感，推动中华优秀传统文化的延续和发展，最终实现文化强国的建设发展目标"①。中国古代文学是汉语言文学专业开设的专业基础课程之一，在汉语言文学专业人才培养方案和教学计划中占有重要地位。中国古代文学包括从上古至近代的中国文学，分为文学史和作品选两大部分，课程内容丰富多彩。古代文学教学系统地讲授中国古代文学孕育产生、发展变化的基本知识、文学现象、文学流派和主要成就，阅读和赏析各个历史时期代表作家的代表作品，传承和弘扬中华民族悠久深厚的文学传统。在汉语言文学专业开设的主要课程中，中国古代文学课程开设时间最长、课时最多。通过古代文学教学，能够使学生比较系统全面地了解中国古代文学及文化，增强人文素养，奠定专业基础，掌握必需的知识与能力，对于培养汉语言文学教育人才及相关专业人才具有重要作用。

中国古代文学教学，旨在引导学生全面了解中国古代文学发展演变的基本轮廓，系统掌握各个历史时期的代表作家、经典作品以及文学风格流派、文学思潮和文学形式的演变特征，从而培养学生的审美鉴赏能力、人文素质、民族自信和爱国情操，更好地传承和弘扬中国古代优秀文学传统，建设和发展社会主义先进文化。古代文学教学目标具体包含以下方面：

第一，知识目标。中国古代文学教学分为中国古代文学史和中国古代文学作品选两部

---

① 李彦华，王娜. 中国古代文学教学中传承中华优秀传统文化策略研究 [J]. 辽宁师专学报（社会科学版），2023，（3）：55.

分。通过古代文学教学，学生可以获得有关中国古代文学发生、发展和演变的基本知识，了解自上古时期至 1919 年五四运动之前中国文学的发展史、重要的文化现象、文学运动、文学流派及重要的代表作家、代表作品的思想与艺术成就。

第二，能力目标。通过古代文学教学，能够培养学生了解与掌握中国古代文学发展基本知识和主要成就的能力，培养学生独立阅读、理解、鉴赏中国古代文学作品的能力以及研究并传承中国古代文学与文化的方法和能力。

第三，素质目标。通过古代文学教学，学生可增进对中国古代深厚的民族文学传统的理解，改善知识结构，提高阅读和欣赏中国古代文学作品的能力与水平，提高人文素质和文学修养，为毕业后从事相关工作和继续深造打好坚实的基础，同时，增强民族自尊心和自豪感，培养爱国主义情操。

（一）先秦文学教学目标

通过先秦文学教学，学生可以全面系统地了解并掌握先秦时期中国文学孕育产生与发展繁荣的脉络、特点、原因和主要成就，丰富和完善有关中国古代文学最初阶段的知识结构，培养和提高文学素养与文学鉴赏能力，为学好先秦以后的中国各代文学奠定坚实的基础；学生能够认识和了解在距今几千年的先秦时期，中华民族已创造了世界瞩目的灿烂文化与文学，从而增强民族自豪感和自信心，陶冶思想情操，更好地继承和弘扬中国古代文学的优良传统和精神。

（二）秦汉魏晋南北朝文学教学目标

秦汉文学和魏晋南北朝文学教学，要求全面系统地了解这一时期文学的发展过程和基本规律，掌握本大纲规定的文学史的基本知识，重点了解并掌握各个历史时期的代表作家与代表作品。通过秦汉魏晋南北朝文学的教学，应进一步提高学生中国古代文学作品的阅读鉴赏能力、分析评论能力、口头笔头表达能力。能够借助于注释和有关资料，读懂中等难度的古代文学作品，并基本能够独立地分析、评论中国古代的作家及作品，比较准确地把握其思想内容及其艺术特征，具备初步的文学分析与研究能力。

（三）唐宋文学教学目标

唐宋文学是中国古代文学发展的重要阶段和又一辉煌时期。通唐宋文学教学，学生可以全面系统地了解和掌握隋唐五代时期我国文学发展、变化与繁荣的脉络、主要成就、特点和规律，丰富和完善中国古代文学的知识结构，更好地继承和弘扬我国古代文学的优良传统和精神，进一步陶冶思想情操，培养和提高文学素养与文学鉴赏能力。

（四）元明清文学教学目标

汉语言文学作为中国历史文化的重要组成部分，元明清时期的文学作品承载着丰富的历史、文化和思想内涵。教学元明清文学的目的在于通过深入学习和理解这些文学作品，培养学生的审美情趣、文学素养和人文精神。

第一，元明清文学教学目标之一是培养学生的审美情趣和美学修养。元明清文学作品以其独特的艺术风格和文学技巧而著称，从形式上表现了鲜明的特点。通过学习这些作品，学生可以领略到不同时期文学的多样性和美学追求，培养对美的敏感度和欣赏能力。

第二，教学元明清文学的目标在于传承和弘扬中华民族的优秀传统文化。元明清时期的文学作品在中国文学史上具有重要地位，其中蕴含着丰富的思想和情感。通过学习这些作品，学生可以更好地了解和把握中国传统文化的核心价值观和精神内涵，进一步传承和弘扬中华民族的文化自信。

第三，教学元明清文学的目标是培养学生的批判思维和文学鉴赏能力。元明清文学作品不仅从思想内容上丰富多样，还体现了丰富的文学形式和技巧。通过学习和分析这些作品，学生可以培养自己的批判思维和独立思考的能力，提高对文学作品的鉴赏和评价水平。

第四，教学元明清文学的目标还在于促进学生与历史的对话和交流。元明清时期是中国历史上重要的时期，学习元明清文学作品是了解当时社会、政治、文化等方面的重要途径。通过与这些作品的对话，学生可以更好地理解和把握那个时期的历史背景、人文风貌以及社会变迁等重要信息。

第五，教学元明清文学的目的还在于激发学生的创造力和文学创作能力。元明清时期的文学作品以其丰富的人物形象、鲜明的故事情节和独特的艺术风格为学生提供了灵感和创作素材。通过学习和借鉴这些作品，学生可以培养自己的创造力和文学创作能力，促进个人文学素养的进一步提高。

总而言之，教学元明清文学的目标在于培养学生的审美情趣、传承中华民族的优秀传统文化、培养批判思维和文学鉴赏能力、促进学生与历史的对话和交流、激发学生的创造力和文学创作能力。通过这一系列的学习目标和方法，教师可以更全面地培养学生的综合素养和人文精神，进一步提升学生的文学素养。

二、古代文学教学标准的应用

（一）古代文学教学标准在先秦文学中的应用

1. 教学内容层面

先秦是中国各种体式的文学孕育产生和发展的时期，其主要成就表现在诗歌和散文方面。远古时代的歌谣和神话是中国文学的起点，以《诗经》和《楚辞》为代表的先秦诗歌，叙事性的历史散文和说理性的诸子散文在先秦都取得了辉煌的成就。先秦文学的教学重点包括：我国文学史上第一部诗歌总集《诗经》，历史散文中的《左传》与《战国策》，诸子散文中的《孟子》与《庄子》，屈原的《离骚》。

2. 教学方法层面

先秦文学教学包括文学发展史和作品选两部分内容，在教学中，这两部分内容要科学结合，交叉进行。

（1）文学史课堂教学以教师讲授为主，应简明清晰、重点突出地给学生厘清先秦文学产生、发展、演变与繁荣的基本情况和原因，探讨其特点和主要成就。

（2）作品选教学要以学生阅读作品为主，教师提前布置阅读篇目，采取有力措施要求学生认真阅读和翻译有关作品，写出阅读笔记和鉴赏分析，课堂教学中可采用讲授与问答、讨论相结合的方法，注意培养学生的形象思维和文学鉴赏能力，要注意运用启发式、问答式、讨论式等多种教学方法和多媒体教学手段，注意各种教法灵活运用，相互结合，并及时总结经验，提高教学效果。

（二）古代文学教学标准在秦汉魏晋南北朝文学中的应用

1. 教学内容层面

（1）秦汉文学主要内容包括：秦汉散文的发展过程及其代表作家作品；《史记》与《汉书》为代表的史传散文；汉代辞赋的起源与流变、体制与风格、代表作家作品；汉代乐府诗和文人五言诗。教学重点为汉赋的艺术特征、《史记》的艺术成就、《古诗十九首》的艺术风格。教学难点为汉赋的艺术特征。

（2）魏晋南北朝文学主要内容：按文体分为诗歌、辞赋、散文、骈文和小说，其中诗歌取得的成就最大。魏晋时期，建安诗歌清新刚健、慷慨悲壮，正始诗歌优生嗟叹、寄托遥深，太康诗歌追求华美，永嘉诗歌盛行玄风，陶渊明开创田园诗，成为这一时期成就最高的诗人。南北朝时期，谢灵运、谢朓完成了由玄言诗向山水诗的转变，开创山水诗歌一派。鲍照对七言诗的发展做出了重要的贡献。永明新体诗风靡一时。庾信是南北朝诗歌集大成的作家。南北朝乐府民歌取得了很高的成就，并对文人诗歌创作产生了明显的影响。西晋以后，骈体文趋于成熟并在南朝达到鼎盛。辞赋由汉大赋演变为抒情小赋，并向骈化和律化方向发展，形成魏晋南北朝辞赋的时代特色。魏晋以后，小说开始流行，志怪小说和轶事小说篇幅短小、语言简朴，成为古代小说的萌芽。诗歌为这一阶段的教学重点，曹植、阮籍、嵇康、左思、陶渊明、谢灵运、鲍照、谢朓、庾信都是要重点了解的作家，建安风骨、正始之音、田园诗、玄言诗、山水诗、新体诗都是要重点掌握的文学现象。

秦汉魏晋南北朝文学教学难点是如何在魏晋南北朝政治、经济、思想文化和文学思潮的背景之下，在纷繁的文学现象背后，掌握这一时期文学发展的时代特征和内在规律，并理解魏晋南北朝文学在整个中国文学史中的地位。

2. 教学方法层面

秦汉魏晋南北朝文学教学要注意把握好文学史和作品的关系，以文学史的发展脉络为纲，以具体的作家作品为基础，用文学史统领作品，通过对具体作品的学习更深刻地理解和把握文学史的发展规律。由于内容繁多而课时有限，就要求教师教学重点突出，以点带面，调动学生学习的主动性，强化课外阅读。

（三）古代文学教学标准在唐宋文学中的应用

1. 教学内容层面

唐宋文学的主要成就表现在诗词方面，总的教学重点是唐诗、宋词。隋唐五代文学的教学重点是盛唐山水田园诗派、边塞诗派，李白、杜甫的诗歌，白居易和新乐府运动，韩愈、柳宗元古文运动和李煜词；宋代文学的教学重点是苏轼、辛弃疾词的创作成就及豪放词派、李清照词作成就、婉约词派以及陆游的诗歌。唐宋文学的教学难点是这一时期诗词的艺术赏析和诗词风格的形成与流变。

2. 教学方法层面

（1）唐宋文学教学应注重其历史背景和社会文化环境的介绍。唐宋时期是中国历史上文化繁荣的时期，了解当时的社会背景和文化风气，有助于深入理解唐宋文学作品的内涵和意义。教师可以通过讲解历史事件、社会制度、文人风雅等方面的内容，为学生提供全面的背景知识。

（2）教学方法应强调对文本的详细分析和解读。唐宋文学作品往往充满着深层次的意象和象征，理解这些意象和象征对于深入把握作品的主题和风格至关重要。教师可以引导学生从字词、句法、修辞等方面入手，分析作品的构思和表达手法，帮助学生理解和欣赏其中的艺术之美。

（3）教学过程中应鼓励学生进行个性化的阅读和思考。唐宋文学作品涵盖了各个层次的主题和情感，学生应该根据自身的兴趣和理解进行深入阅读，并就作品的内涵和意义展开独立思考和观点表达。教师可以组织小组讨论、写作和演讲等活动，让学生展示自己对作品的理解和感悟。

（4）唐宋文学教学还应注重与其他学科的融合。唐宋文学作为中国传统文化的重要组成部分，与历史、哲学、艺术等学科相互渗透和影响。教师可以引导学生通过跨学科的学习和研究，拓展对唐宋文学的理解和认识。

（5）教学方法还应注重实践的引导和培养。唐宋文学是一门实践性很强的学科，仅仅停留在课堂理论讲解是远远不够的。教师可以组织学生进行文学创作、文学评论和研究等实践性活动，培养学生的文学修养和创新能力。

总而言之，教学唐宋文学的方法应该综合运用多种教学手段和策略，注重历史背景介绍、文本分析与解读、个性化阅读与思考、跨学科融合和实践引导培养等方面，以期全面提升学生对唐宋文学的理解和欣赏能力，进一步传承和发扬中华民族优秀文化的精髓。

（四）古代文学教学标准在元明清朝文学中的应用

1. 教学内容层面

元明清文学的主要成就是戏曲和小说，其教学重点也是戏曲和小说。而在元、明、清三个不同时期，其教学重点又不相同。

（1）元代文学以杂剧的发展繁荣为教学重点，主要学习和赏析关汉卿的《窦娥冤》、王实甫的《西厢记》。

（2）明清两代文学以小说及戏曲为教学重点，尤其突出小说的教学。在明代文学中，主要学习和赏析《三国演义》《水浒传》《西游记》等长篇小说名著，短篇小说"三言二拍"，以及汤显祖的传奇名作《牡丹亭》。在清代文学中，主要学习和赏析文言短篇小说的高峰之作《聊斋志异》，长篇小说名著《儒林外史》《红楼梦》，以及"南洪北孔"的戏剧名作《长生殿》《桃花扇》。

元明清文学的教学难点是这一时期小说及戏剧的艺术欣赏，尤其是对有关作品的艺术成就和人物形象进行比较鉴赏，如《三国演义》与《水浒传》艺术成就的比较，《聊斋志异》与魏晋志怪小说、唐代传奇艺术方面的比较，《西厢记》中崔莺莺形象与《牡丹亭》

中杜丽娘形象的比较等。

2. 教学方法层面

课堂教学以教师讲授为主，但要精炼教学内容，简明清晰、重点突出地讲清各个时期文学的流变、盛衰情况及原因，探讨其特点和规律；同时要注意调动和发挥学生学习的主观能动性，对有关内容做到课前预习、课后复习，并及时完成作业。

第二节　现代文学教学标准

一、现代文学教学目标

"高校现代文学教学的开展，应迎接新的教育挑战，树立教学创新思维，促进新的教育理念及方法融入现代文学教学体系，重构现代文学教学实践机制，发挥现代文学教学育人作用，辅助大学生的专业发展，达到高校现代文学教学实践优质性，从而彰显高校现代文学教学创新实践的价值"[①]。

中国现代文学是一门研究"五四"以来中国现代文学发展历史的学科，是汉语言文学专业本科必修的基础课，该课程旨在使学生正确认识中国现代文学的发展过程及其特点；运用马克思主义历史的和美学的观点、方法，分析和评价各个历史时期的重要作家作品；全面系统地了解"五四"文学革命以来的文学思潮、文学运动、文学批评和文学创作发展的基本概况以及中国现代文学的主要成就和经验教训；培养学生研究文学现象和作家作品的能力。现代文学是一门非常重要的专业基础课，它上承中国古代文学，下启中国当代文学，为一个新的文学世纪拉开了序幕。现代文学课程对于创新型、实践型人才的培养有较大的促进作用，在人才培养中具有不可替代的独特地位。现代文学教学目标主要包含以下方面：

第一，知识目标。通过现代文学教学，使学生系统地掌握现代文学的基本知识和基础理论，掌握现代文学史发展的基本线索和文学思潮、流派的基本内容和演变情况；系统地掌握现代文学的文学成就，掌握相关的主要作家、作品；掌握分析现代文学作品的分析方法。

第二，能力目标。通过现代文学教学，使学生能够对现代文学史有整体的把握，具有

---

① 华敏. 高校现代文学课教学面临的挑战与应对策略［J］. 佳木斯职业学院学报，2022，38（10）：73.

欣赏和分析现代文学作家作品的能力，具备较高的文学鉴赏力，具备一定的理解、分析、鉴赏现代文学作品的能力。

第三，素质目标。通过现代文学教学，全面提高学生的整体文化水平，提高学生的文学修养，提升学生的人文素质，全面提高学生的学术能力和专业素养，能够胜任文学课程教学，并为进一步深造奠定良好基础。

二、现代文学教学标准的应用

现代文学教学标准的应用主要包含以下方面：

第一，多元化的文学作品。教师应该引导学生接触不同类型、风格和流派的文学作品，包括诗歌、小说、散文、戏剧等，这样可以帮助学生开阔视野，培养对不同文体的理解和欣赏能力。

第二，文学史和文学批评的教学。学生不仅需要读作品，还应该了解作品的历史背景和文化传统。教师可以通过讲解文学史和文学批评的知识，帮助学生更好地理解和分析作品的意义和影响。

第三，鼓励阅读与写作。除了教师指导的作品阅读，学生还应该被鼓励自主地进行广泛的阅读。他们可以选择自己感兴趣的作品，并通过写读后感、读书笔记、书评等方式表达自己对作品的理解和评价。

第四，跨学科融合。教师可以将文学教学与其他学科相融合，引导学生探索文学与历史、哲学、心理学等领域的关联，培养学生的综合素养。

第五，创造性的活动。除了阅读和分析，学生还可以参与创作活动，如写作短篇小说、诗歌或戏剧剧本等。通过亲身参与文学创作，学生可以深入了解文学的过程和技巧，提升自己的创造力和文学素养。文学素养的培养需要长期坚持和积累，学生需要在教师的引导下进行系统的学习和实践，同时也需要培养自己对文学的兴趣和热爱。通过不断的阅读、思考和交流，学生可以逐渐提高自己的文学素养，从而在人生的道路上获得更深层次的理解和感悟。

第三节　当代文学教学标准

一、当代文学教学目标

中国当代文学是一门研究新中国成立以来中国当代文学发展历史的学科，是汉语言文学专业本科必修的基础课，该课程帮助学生正确认识中国当代文学的发展过程及其特点；分析和评价各个历史时期的重要作家作品；全面系统地了解新中国成立以来的文学思潮、文学运动、文学批评和文学创作发展的基本概况以及中国当代文学的主要成就和经验教训；培养学生研究文学现象和作家作品的能力。中国当代文学与当下社会有着密切的关联性，对创新型、实践型人才培养而言，有着极强的现实意义。中国当代文学的教学目标主要包含以下方面：

第一，知识目标。当代文学教学旨在向已经具有了初步文学历史基础知识的学生介绍 1949 年后中国当代文学的发生、发展和演变的轨迹，讲述当代文学作家、文本、流派、思潮及其催生和影响当代文学发生、发展和变化的多元的社会文化语境等，通过对具有代表性作家的代表性文本的详细和深入分析，使学生形成有关当代文学历史的基本知识构架。

第二，能力目标。通过当代文学教学，使学生能够对当代文学史有整体的把握，具有欣赏和分析当代文学作家作品的能力。具备较高的文学鉴赏力，具备一定的理解、分析、鉴赏当代文学作品的能力和评析当代文化现象的能力。

第三，素质目标。通过当代文学教学，提升学生文化修养，感知市场化、商品化、消费化的价值观与主流意识、正统意识、精英意识的对立和矛盾，认识到在大众文化背景下坚守文学艺术的价值立场是传承人类文化的责任和任务。通过文学阅读与分析训练，使学生在学理上有所提升，强化专业素养和学术能力，胜任中学语文教学，并有较大的持续发展空间。

二、当代文学教学标准的应用

（一）当代文学教学标准的应用内容

第一，文学素养。通过当代文学教学，学生能够获得丰富的文化知识和情感体验。同时，他们还可以学会欣赏文学作品的美学价值和艺术表达。文学素养的培养不仅可以提升学生的审美情趣，还能够培养他们的人文关怀和社会责任感。

第二，创造性思维和表达能力。当代文学教学鼓励学生进行创造性思维和表达。学生可以通过阅读和解读当代文学作品，深入了解作家的创作思路和艺术手法，从而启发自己的创造力。他们可以通过写作、表演、绘画等方式，表达自己对文学作品的理解和感悟，展现自己的创造力和个性。

第三，批判性思维和分析能力。通过阅读和解读当代文学作品，学生需要学会独立地思考和分析作品的主题、结构、人物形象等要素，学会提出问题、寻找证据、进行推理和评价，从而培养出批判性思维和分析能力。

第四，文化多样性和社会认知的培养。当代文学作品往往反映了当代社会的多样性和复杂性。通过当代文学教学实践，学生可以了解不同地域、不同民族和不同文化背景的人们的生活和思想，有助于培养学生的文化包容性和社会认知，使他们具备跨文化交流和合作的能力。

第五，价值观和社会责任感。当代文学作品往往涉及当代社会的重要问题和价值取向。通过当代文学教学实践，学生可以增强自己的社会责任感和道德观念，理解和尊重不同群体的文化、宗教和生活方式，促进社会和谐与文明进步。

第六，综合素养。综合素养包括文学素养、批判性思维、创造性思维、文化认知等，这些素养是学生全面发展的基础，有助于提高他们的学习能力、创新能力和领导能力。

第七，跨文化交流能力。当代世界在全球化的背景下日益紧密联系在一起，跨文化交流的能力变得越来越重要。通过当代文学教学实践，学生可以了解不同国家和地区的文化背景和思想观念，提高自己的跨文化交流能力。

第八，文学教学的质量和深度。当代文学教学标准为教师提供了明确的指导和要求，有助于提升文学教学的质量和深度。教师可以根据标准的要求进行课程设计和教学实施，使教学更加系统、科学和有效。同时，标准的实施还可以促进教师之间的经验交流和合作，推动文学教学的创新和发展。

（二）当代文学教学标准的应用策略

第一，多媒体技术的应用。当代文学教学应充分利用多媒体技术，如电子教材、网络资源、音频视频等。教师可以通过多媒体展示当代文学作品的相关资料和影像，增强学生的学习兴趣和参与度。同时，多媒体技术还可以为学生提供更多的学习资源和交流平台，促进学生之间的互动和合作。

第二，文学创作的引导。当代文学教学可以鼓励学生进行文学创作。教师可以给予学生写作的指导和批评，帮助他们提升写作能力和表达技巧。学生可以通过创作诗歌、散文、小说等形式将自己对当代文学的理解和感悟进行表达，从而加深对文学作品的理解和欣赏。

第三，课堂讨论与互动。在当代文学教学中，教师可以组织学生进行课堂讨论和互动。通过鼓励学生提问、回答问题以及进行小组讨论，可以激发学生的思维和创造力。同时，教师还可以通过引导学生多角度思考和分享意见，促进学生之间的相互学习和理解。

第四，实地考察和文学节活动的参与。为了更好地体验当代文学作品的魅力，教师可以组织学生进行实地考察和参加文学节活动。学生可以参观当代作家的讲座、书展和文学活动，与作家进行面对面的交流和互动，这样的实践活动可以帮助学生更深入地了解当代文学的创作背景、思想内涵和社会影响。

总而言之，当代文学教学标准的实践对于培养学生成为具有综合素养和创新能力的文学人才具有重要意义，它不仅能够丰富学生的文化知识和艺术鉴赏能力，还能够提升学生的思维能力和社会认知。在如今的教育环境中，教师应不断探索和实践当代文学教学标准，为学生提供更优质的文学教育，培养他们成为具有全球视野和人文关怀的时代新人。

第四节　汉语言文学的赏析

一、汉语言文学的创作赏析

汉语文学的创作赏析，集中表现在对物、心、辞三者的独特美学要求上，状物，则以形写神；写心，则以物显心；用辞，则以文饰言。

（一）以形写神

以形写神是东晋画家顾恺之提出来的，意思是通过形似的描写来达到传神的目的。以形写神要注意以下方面：

1. 生动描写外形特征

"神"是寄寓在"形"之中并借"形"显现出来的。只有写出"形"的特征，才能传达被表现对象的独特之"神"，即"得其意思所在"。写人，主要是抓住能反映其个性、精神状态的容貌、服饰特征。许多作家、学者十分推崇"画眼睛"，甚至把它视为"以形写神"的首选方法。其实不然。眼睛固然是心灵的窗户，"画眼睛"如果画得好，确实能收到"传神"的效果。但它毕竟是传神的诸法之一，不是唯一。传神的关键不在于是否写了眼睛，而在于是否写出特点。如果写不出特点，"画眼睛"也无济于事。

2. 形象刻画动态特征

春秋代序，物有其容。事物总是不断地变化，并呈现出不同的状貌。作品如果能描摹被表现者的动态特征，则使它们栩栩如生，更具神韵。动态特征不仅体现在人物神态的变化上，也反映在人物的行为举止上。"以形写神"是汉语文学状物的终极美学目标，它要求作者在创作中"穷形尽神"，力戒"遗形取神"和"以形写形"两种倾向，以收到读者的反馈。

（二）以物显心

文学是作家主观心灵的表现，即是作家内心某种情感的外溢、宣泄或喷涌。以物显心，是指作者选择物象来表现其心灵。汉语文学家选择以物显心，客观上有其合理性。从写作实践而言，以物显心的形式主要包含以下方面：

第一，心灵外射。即作者把自己或作品中人物的主观情感"投射"在客观物象上，使其"人格化"，以此显露作者或人物的心灵，其特点在于：通过对客观物象的"主观改造"，使之成为作者"心灵载体"，心物交融，构成具体、生动的审美意象，达到"以物显心"的目的。

第二，物象暗示。物象暗示即作者用某种或多种物象来暗示自己或人物的心灵，物象暗示不像"心灵外射"那样将客观物象"主观化"，而是借助物象与心灵的相似点，以物象来象征特定时空下作者或人物是心态。例如，马致远的《天净沙·秋思》，选取了十个萧疏的"秋天物象"——枯藤、老树、昏鸦、小桥、流水、人家、古道、西风、瘦马、夕阳，暗寓"断肠人"的"天涯沦落"之感，真正做到了"悲喜亦于物显"；陶渊明的"采菊东篱下，悠然见南山"，明写采菊，实则借采菊之所见，含蓄地流露诗人超脱、闲适、回归自然的恬淡心境。

第三，乐哀互衬。乐哀互衬即以欢乐、喜悦的物象表现悲哀、忧愁和以悲哀、忧愁的物象抒写欢乐、喜悦，它强调的是相反相成一通过乐与哀的互相反衬，给读者留下较之相辅相成的正衬更为深刻的印象——"倍增其哀乐"。例如，《诗经·小雅·采薇》写到战士出征之苦，则以"乐景"衬之："昔我往矣，杨柳依依。"战士被迫离家，已黯然神伤；而"杨柳依依"的芳春美景则把战士的悲伤反衬得更加突出。李煜的《望江南》也是以乐写愁："多少恨，昨夜梦魂中，还似旧时游上苑，车如流水马如龙，花月正春风。"词人昔日"游上苑"的欢乐梦境，与他今天沦为阶下囚的困境，形成强烈的反差。而这种繁华"乐景"的描述，正表露了他失落、无奈、旧梦难圆的凄楚心态。

以乐景写哀不仅用在诗词等抒情性作品，也见于叙事性作品中。例如，现代著名的女作家萧红的微型小说《失眠之夜》就是一例。作者先写"悲情"："我"因为"故乡的思虑"而失眠，"烦躁，呕心，胆小，心跳，并且想要哭泣"，然后用大量的笔墨渲染家乡的可爱："蓝得有点发黑"的天，"像银子做成的""像白色的大花朵似的"云，"海涛似的绿色山脉"，马羊骆驼鱼，好吃的高粱米粥和盐豆，石片烤鱼，羊肉嫩片粉，骑驴赶集……东北的富饶美丽、风土人情令人神往。作品以"乐景"写"哀情"则大有"深意"。

第四，以哀景写乐。例如，《诗经·小雅·采薇》写到战士返乡，则以"哀景"衬之："今我来思，雨雪霏霏。"战士回来，满心欢喜；而"雨雪霏霏"的恶劣天气则把战士回家的喜悦反衬得更加鲜明。

（三）以文饰言

以文饰言，即用文采来修饰语言。语言，指任何口述或书面的言辞话语。汉语文学家讲究语言的出发点是语言功能，更多地关注语言对文本内容、读者的作用。语言有两种形式：①"发口为言"的口头表达，即"说的语言"；②"属翰曰笔"的"书面表达"，即"写的语言"。书面表达源于口头表达，但与口头表达不同，说话时信口开河，思想和语文都比较粗疏；写作时有斟酌的时间，思想和语文都比较真缜密"而汉语言文学主要是用"写的语言"，其目的在于宣事明理，状物陈情。为了使表达更充分、生动，对读者更具吸引力，因而讲究语言的文采。不但如此，有文采的语言具有更长久的生命力，即言以文远；反之，言之无文则行而不远。以文饰言的途径主要包含以下方面：

1. 以形文饰言

以形文饰言即用色彩构成的形文来修饰语言。大体相当于刘勰讲的"窥意象而运斤"。例如，朱自清的《温州踪迹》在描述《月朦胧，鸟朦胧，帘卷海棠红》画时，就注意以形文饰言："上方的左角，斜着一卷绿色的帘子，稀疏而长；帘子中央，着一黄色的，茶壶嘴似的钩儿就是所谓软金钩么？"钩弯"垂着双穗，石青色；丝镂微乱，若小曳于轻风中。纸右一圆月，淡淡的青光遍满纸上；月的纯净，柔软与平和，如一张美人的脸。从帘的上端向右斜伸而下，是一枝交缠的海棠花。花叶扶疏，上下错落着，共有五丛；或散或密，都玲珑有致。叶嫩绿色，仿佛掐得出水似的；在月光掩映着，微微有浅深之别。花正盛开，红艳欲流；黄色的雄蕊历历的，闪闪的。衬托在丛树丛绿之间，格外觉得娇烧了。枝欹斜而腾挪，如少女的一只臂膊。枝上歇着一对黑色的八哥，背着月光，向着帘里。"这是一幅绝妙的"文字月鸟海棠图"。值得称赞的是，多种色彩组成的形文，给这段文字增添了美感：绿色的帘子，黄色的钩儿，石青色的双穗，纯净的月，嫩绿的叶，红艳欲流的海棠花，黄色的雄蕊和一对黑色的八哥。色彩斑斓，令人产生"境生象外"的审美联想。

又如，郑振铎的《海燕》也讲究色彩的搭配："天上也是皎洁无比的蔚蓝色，只有几片薄纱似的云，平贴于空中，就如一个女郎，穿了绝美的蓝色夏衣，而颈间却围绕着一段绝细绝细的纱巾。我没有见过那么美的天空！"作品以女郎蓝色夏衣喻天空，以白纱巾喻轻云，蓝白相间，表现了云天的清丽、秀美。两篇作品都以形文饰言，但风格不同：《温州踪迹》色彩繁富；《海燕》则色彩简约。

2. 以声文饰言

以声文饰言即用声律构成的声文来修饰语言，即循声律而定墨。汉语诗文的声律，主要包含"和"与"韵"。"和"指不同声调配合而形成的抑扬之美，即"异音相从"；"韵"指收声相同的音前后呼应而形成的回环之美，即"同声相应"。而"和"与"韵"有机结合，相辅相成，就构成了汉语诗文语言形式的音乐美。例如，杜牧的《赤壁》：

折戟沉沙铁未消 平仄平平仄仄平

自将磨洗认前朝 仄平平仄仄平平

东风不与周郎便 平平仄仄平平仄

铜雀春深锁二乔 平仄平平仄仄平

诗中的平仄式就是"异音相从"之"和"；"消""朝""乔"就是"同声相应"之"韵"。而平仄的抑扬美和同韵的回环美之统一，使该诗的语言形式具有了音乐性，这就是以声文饰言。现代自由诗并不要求平仄相间，尾韵相同；可如能自觉地追求音乐美，其诗往往是脍炙人口的佳作。例如，戴望舒的《雨巷》（第一段）：

撑着油纸伞，独自 平仄平仄仄，平仄

彷徨在悠长、悠长 平平仄平平、平平

又寂寥的雨巷 仄仄平仄仄仄

我希望逢着 仄平仄平仄

一个丁香一样地 平仄平平平仄仄

结着愁怨的姑娘 平仄平仄仄平平

诗人讲究平仄搭配，注意尾韵相同（"巷""娘"），使全诗有"和"有"韵"，富于音乐美。

3. 以情文饰言

以情文饰言即以性情构成的情文来修饰语言。例如，鲁迅的《为了忘却的纪念》第五部分，集中体现了"以情文饰言"："我又沉重地感到我失掉了很好的朋友，中国失掉了很好的青年，我在悲愤中沉静下去了，不料积习又从沉静中抬起头来，写下了以上那些字。……不是年青的为年老的写纪念，而在这三十年中，却使我目睹了许多青年的血，层层淤积起来，将我埋得不能呼吸，我只能用这样的笔墨，写几句文章，算是从泥土中挖一个小孔，自己延口残喘，这是怎样的世界呢。夜正长，路也正长，我不如忘却，不说的好罢。但我知道，即使不是我，将来总会有记起他们，再说他们的时候。”鲁迅先生以“性情笔墨”抒写了自己丰富的情感体验：为中国失掉了好青年、自己失掉了好朋友而悲哀；对夜一样黑暗、令人窒息世界的憎恨；无法忘却这些好青年的沉重；以及对“总会有记起他们”的将来的企盼。这些复杂的感受已不是“形文”“声文”所能修饰的，非“情文”莫属。鲁迅的做到了“情动于中而形于言，为情而造文”。

又如，陈启佑的《永远的蝴蝶》（以下简称《蝴蝶》）在写“我”对樱子遇难的感受时，也是“以情文饰言”的：“我缓缓睁开眼，茫然站在骑楼下，眼里裹着滚烫的泪水，世上所有的车子都停下来，人潮涌向马路中央，没有人知道那躺在街面的，就是我的，蝴蝶，这时她只离我五公尺，竟是那么遥远。更大的雨点溅到我的眼镜上，溅到我的生命里来。然而我又看到樱子穿着白色的风衣，撑着伞，静静地过马路了。她是要帮我寄信的，那，那是一封写给在南部的母亲的信，我茫然站在骑楼下，我又看到永远的樱子走到街心。其实雨下得并不大，却是一生一世最大的一场雨。”

与《为了忘却的纪念》不同的是：《纪念》的悲哀是一种“沉重的悲哀”，且融入了其他的感受，比较丰富；《蝴蝶》的悲哀是一种“强烈的悲哀”，比较单一、集中。《纪念》采用直抒胸臆的方式，显中有隐，余味无穷；《蝴蝶》则融情于景（“我缓缓地睁开眼……溅到我的生命里来”）和写幻觉（“然而我又看到……却是一生一世最大的一场雨”），采用了变形的虚化手法。可见，二者都是以情文饰言，但“情文”的表现却各有特色。

以文饰言的终极目标是“文质彬彬”。无论是“质胜文”的重质观点，还是“文胜质”的尚文主张，都是片面的。尽管它们都曾在某个时期盛极一时，可从历史发展的大趋势而言，它们从来不代表主流思潮。

二、汉语言文学的意象赏析

（一）意象的界定

意象是在瞬间里表现智慧和情感的复合体，强调意象生成的心理机制，即它的直觉性和理智与情感的交融性。文学创作实践证明，意象的获取方式，大多是凭借直觉的思维形式进行的，它省略了抽象思维运用概念进行逻辑推理、综合、判断的过程，而是通过直觉的领悟，直接透视生活的本质，直觉思维是对本质的直接知觉。直觉是一种理性的交融，这种交融使人们自己置身于对象之中，以便与其中独特的内涵相符合。

审美意象中的“意”不是纯粹的理性、义理，而是情理交融的“情志”，是充溢着情感、情绪的思致，其主旨往往是对作品之象的最贴切的诠释。思维常常在"取象"过程中，力疲智竭，待到精神安寂时，意与象却如邂逅一般，偶尔相遇，油然而生。由此可知，"取象"的过程不是单纯的模仿，而是起于物我之间因生命之气的交流共鸣而应和互通。心中之"意"与万物之象，互相感应。"观物取象"，是基于同态对应的深切认同。人们体认外物的时候，不是"以我观物"，而是"以物观物"。视外物为同类，为手足的，即所谓"意与象通""神与物游""凝神关注"以至于"物我两忘"的状态。情志与物象浑融一体，"登山则情满于山，观海则情溢于海"。艺术家头脑中的山、海的形象已不是纯然的物象，而是主观情致和客观物象的融合，因此，审美意象不再是经验的客体，而是在主观情致的笼罩中，以至于与之相符合的，经过艺术变形的"象"一即它虽然以知觉表象为素材，但并不等同于事物的表象，它总是把表象"变形"了的一次新颖的创造。

如果表象基本上是自然形态的话，那么，意象则是变化的艺术形态，这是偏重主观的艺术意象，还有偏重客观的意象，那就是揽住了某些外部场景（如人间四月芳菲尽，山寺桃花始盛开）或行为的情感（如朱门酒肉臭，路有冻死骨），把它带进了头脑并再现其本质的或主要的特点，于是意象仿佛像外部的原物似的出现了，这便是偏重客观的艺术意象。

因此，意象是在主观之意和客观之象相互作用下，以直觉思维的形式而瞬间生成艺术表象。意象有偏重主观和客观的区别，偏重主观的意象是由于主观之意的渗透而使客观之象发生艺术变形，由经验表象变成艺术表象。而偏重客观的意象，就是把某些外部场景或行为情感中本质的、主要的特点再现出来，其审美意象与客观经验表象比较贴近。意象是诗歌的元件，诗是由意象构成的，意象的拼接、组合、转换，把零散、孤立、相互间不明确的意象组合成一个有机整体是诗歌创作的全部过程。

在中国古代，意象作为复合词最早出现在东汉王充的《论衡》卷十六《乱龙篇》："夫画布为熊、麋之象，名布为侯，礼贵意象，示义取名也，土龙亦夫熊麋布候之类。"《乱龙篇》是王充替董仲舒从天人感应论出发，鼓吹设土龙求雨的谬说进行辩护的文章。文中认为土龙如同布靶子上画着的熊黑一样，蕴藏深刻寓意的形象，体现了人的某种意念和思想。"象"是基于"言不尽意"的困惑，为阐发"意"而设的。因此，"象""意""言"之间有目的和工具之分。语言是来描绘"象"的，而重在"象"，得"象"可以忘"言"；"象"是用来表明"意"的，因而得"意"可以忘"象"。文学语言作为一种"有象之言""依象以成言"，言与象之间是一种"互为表里"的关系。一方面，象以言著；另一方面，语言的有机构成本身就是意象的外在感性显现，得象不能妄言。语言并非只是意象的简单载体，语言和意象融为一体，由此构成了文学意象感性生成的一个重要层面，这就决定了文学语言的心理表现功能和本体价值。

（二）意象生成的物质基础

1. 语言词与所蕴藏的表象性

诗歌意象的基本特征就是它的具象性，营造具象性的语言是建构意象的前提。人类思维成长的各个阶段在语言中留下了鲜明的遗迹，而思维形式是文化的核心。语言世界反映物理世界是经过文化世界这个中介。换言之，语言是在文化折光之下表现物理世界的。汉语言文学重具象、直觉、感悟的思维方式，更善于捕捉具体的事物，并用具象的语言去描绘它们，即使包括人们自身的经验，也少用抽象的语言去概括，而是将经验构成某种形象性的东西。以汉语词汇为例，一些处于词义表层义之外的隐含义素，大多是因直觉感悟而生的，如"天涯"一词的表层规约义是指"天边"，但是，人们在看到或读到"相去万余里，各在天一涯"的诗句时，油然而生的那种身世飘零的伤感，恰是造词之初所倾注的情感内涵。语言符号连接的不是事物和名称，而是概念和音响形象。概念和音响形象不是物质的声音，纯粹物理的东西，而是这声音的心理印迹，人们感觉证明的声音是表象，它是属于感觉的，有时把它叫作"物质的"，那只是在这个意义上而言的，而且是跟联想的另一个要素，一般更抽象的概念相对立而言的。

语言文字具有通向一般性、普遍化的基本特征，这是由语言的社会交流性和思维的愈发抽象化决定的结果。语言的社会交流的功能之实现，就是依赖语言的这种普遍的、一般的集体规约意义，为同一语言系统的人使用和理解。语言的社会性似乎是在否定着它的纯个人性和具体性。语言的这种为了信息传达的有效性而由社会契约保证的、固定化了的能指与所指的关系的确定性（也叫作"透义性"）模糊了意象的可感性和可视性。但是从发生学的角度而言，属于第二信号系统的语言是对第一信号系统即感觉经验的抽象。人们在肯定现代语言符号的概念化、逻辑化、推理性的同时，并没有忘记语言同感觉功能的联系——即当人们听到或看到一个词时，除了理解它的所指的理性意义之外，常常还伴随着关于这一事物的种种属性的联想，也可称为心理意象。正如人们看到"水"这个词的时候，就会联想到它的千姿百态一样。因此，一方面，汉语言文学语言具有双重性方面它作为语言形态存在着，承载着抽象概括的理性意义；另一方面，它又作为审美形态存在着，传递着审美信息——即在语词理性意义之下蕴含着的，诱发联想的内涵意义、情感意义、形象意义等的最具美感的信息。日常的语言不仅具有概念的特征和意义，而且还具有直觉的特征和意义。常用的词汇不仅仅是一些语义符号，而且还充满着形象和特定的情感，它们不仅诉诸人们的感情和想象，还是诗意的或隐喻的词组，而不只是逻辑的或"推理的"

词组。……如果从发生学的观点而言，必须将人类语言具有的这一想象的和直觉的倾向视为语言的最基本和最重要的特征。

在人类文化的早期，语言的这种诗意或隐喻的特征似乎比逻辑或推理的特征更占优势。诗是人类的母语。但是随着人类思维的进化，语言的这一倾向减弱了，在扩张它的固有的表现力的同时，也就使其自身变得越来越抽象。而文学语言意象营构的审美追求正体现了与理性、概念意义相对抗的，即以具体的、个别的、可感可视性来削减语言的抽象性、普遍性的努力。诗歌意象可称为最为典型的审美信息，因为它凝聚了审美信息的一切特质。语汇联系着感觉功能的特点，为意象生成提供了无限的可能性。营构文学意象就是要在语汇的抽象性、一般性和意象的具象性、个别性的矛盾中运作，通过具体的组合，凸显语汇的具体、个别、可感可视的功能。例如，杜甫的诗："两个黄鹂鸣翠柳，一行白鹭上青天。窗含西岭千秋雪，门泊东吴万里船。"这里有诉诸视觉的颜色词：黄鹂、翠柳、白雪、青天；有诉诸听觉的音响词：鸣；有近景："窗含""门泊"；有示时间之悠久的词"千秋"；有呈空间之远阔的度量词"万里"，这些可视可感的，属于诗人眼中个别的意象，就承载着浓厚、隽永的审美信息。

2. 实现意义向具体的转变

语言符号的特征包括：任意性和线条性——即语言只能在时间先后上展开，只能在一个向度上测定其特征。同时，把语言系统中联系各类成分的关系确定为组合关系和聚合关系。语词的意义处在组合、聚合这两种关系相交形成的语义场中。在线条组合的序列中，每一个词都有在意义上影响其他词的潜在的可能性，同时，也随时可能接受其他词的熏染而意义发生变异，即每个部分既是受动者又是施动者。可见作品是由一个各部分互相作用的关系网所构成，它的全部意思正是这种相互作用的产物。

在语言的状态中，一切都是以关系为基础的；在话语中，各个词由于它们是连接在一起的，彼此结成了以语言的线条性为基础的关系，排除了同时发出两个要素的可能性，这些要素一个挨着一个的排列在语言的链条上，以长度为支柱的结合可以称为句段。句段总是由两个或多个连续的单位组成的。一个要素在句段中只是由于它跟前一个或后一个，或前后两个要素相对立才有的价值。例如，"让阳光的瀑布洗黑我的皮肤"，由于"阳光"一词的语义限定，"瀑布"的意义由自上而下的激流变为倾泻而下的强烈的"阳光"。

纵向的聚合联想关系，则是词的联想语义场。在话语之外，各个有某种共同点的词会在人们的记忆里联合起来，构成具有各种关系的集合，它们是属于每个人的语言内部宝藏的一部分，叫作联想关系。句段关系是在现场的；它以两个或几个在现实的系列中出现的要素为基础；反之，联想关系却把不在现场的要素联合成潜在的记忆系列。

语词的审美信息就是附着在理性信息上的，潜伏在词义系统中"联想关系"的意义。例如，车尔尼雪夫斯基在谈到"水"时，自然联想到它的各种美的属性："水，由于它的形状而显出美，辽阔的，一平如镜的，宁静的水在我们心里产生宏伟的形象。奔腾的瀑布，它的气势是令人震悚的，它的奇怪突出的形也是令人神往的。水，还由于它的灿烂的透明，它的淡青色的光辉而令人迷恋。水把周围的一切如画地反映出来，把这一切屈曲地摇曳着，我们看到水是第一流的写生画家。水由于它的晶莹的透明而显得美；浪花所以美，是因为它顺着波涛飞跑疾驱，是因为它反映着太阳的光，当波涛迸散的时候，浪花就像尘雾一般飞溅而去。"人们对水的这些审美联想意义，沉潜在水的表层义下，它随时可以被唤醒。在文学语言的意象营构中，可以通过特定语义场的制约作用，使这种感性的、表象的审美信息凸显出来。还以水为例，水的理性意义是由氢和氧组成的纯净透明的液体，但在具体语义场中"水"的理性意义被抑制了，而它的表象的、生动的、审美性的种种意象则浮现出来。

（三）意象语言的生成策略

文学语言是对日常语言的一种有意识的"解构"。以语音、语义、句法上超常变异来创造一种异乎寻常的审美接受的"语境"，迫使接受者一改日常的读解习惯，以全新的眼光去接受、感觉那全新的审美信息。在完成这种"解构"过程中，辞格无疑是最"先锋"的形式。辞格作为一种变异修辞的典型形式，其生成有着相应的心理动因。审美语言的生成策略主要包含以下方面：

1. 列锦意象

列锦是一种新建辞格，把具有关键性的名词或以名词为中心的定名词组，组合成一种多列项特殊的非主谓句，用来写景抒情，叙事抒怀，这种修辞手法叫作列锦。简言之，列锦就是所欲表达的语意中的关键词的连缀。语言中的词语一方面和一定事物相联系；另一方面又根据句法的作用和前后的词语相联系。句法力量的强弱会左右人们的阅读视线转向不同的方向。如果句法力量强，整个句子因前后词语关联密切而形成了一个复杂的意义集成块，人们被句法的逻辑力量催促着，如果不从句子的开头读到结尾，从一个句子奔向另一个句子的话，便不能完成意义的编织，整个阅读类似一个个抽象符号的演算过程；如果句法力量弱，词语间的联系经常被打断，这样，就凸显了词语与事物间的联系，在词语间的句法联系被忽略的同时，一个个直观的意象便清晰起来。列锦是中国古典诗词意象经营的一种方式，它把名词或名词性的词组罗列在一起，无所谓主语和谓语，没有起语法作用的虚词把它们勾连起来，形成了名词意象间的并置。因为缺少中间媒介和联系，这种并置产生了逻辑联系上的脱节。诗歌要在短短的数十个字中，要表现尺幅千里的画面，所以非压缩句子结构不可，且这种压缩非但不影响句意的表达，而且使这种表达更加凝练，余味无穷。因此，起码在诗歌语言中与其说它是"不完全句"，不如说它是辞格——一种积极的列锦意象，就是通过列锦辞格的相对稳定的语言形式来营构的意象。

2. 对比意象

对比本是一种辞格，即把两种互相矛盾、互相对立的事物或同一事物中互相矛盾、对立的方面加以对照、比较，收到语义鲜明的表达效果的修辞方式。诗歌语体中情感意象的营构，非常讲究如何利用对比辞格辩证地处理直与曲、哀与乐、正与反等相对概念的关系。对比辞格也可以称为"对照"或"互衬"。对比意象就是以对比辞格为语言呈现形式，以建构意象为美学旨归，把语义上、感情上及联想意义上对立、矛盾的词、词组或句子组合在一起，从而使两种意象产生相互强调、相互对比、相互冲突的作用，以强化诗人的某种寓意、情感、观念。例如，《诗·小雅·采薇》中的："昔我往矣，杨柳依依；今我来思，雨雪霏霏。"士兵出征心情是哀苦的，诗人却描写了杨柳在春风中飘荡的美好春景，景的美好更反衬出"春风不解人意"的哀苦；士兵回来时心情是愉快的，诗人却写雨雪之苦景，不顾雨雪而忙着赶路，更显出心情的愉快。

3. 通感意象

（1）通感的心理机制。通感本是一种心理现象，心理学上称为联觉。在一般情况下，人的各种感觉器官各司其职。人的某些感觉器官接受外物的刺激，经过内导神经传到大脑的皮质，进入能够引起兴奋的相应的区域，这种兴奋的"分化"，使其他区域相对"抑制"，因而，不同的区域对事物会产生不同的反应。载有视觉信息的结束于枕叶，对光波做出反应；载有听觉信息的结束于颞叶，对声波做出反应；载有嗅觉信息的结束于颞叶内侧，对气味做出反应；载有触觉和动觉信息的结束于顶叶。但是，大脑皮层的各个"区域"间不是彼此孤立的、相互隔绝的，他们的边缘地带有许多"叠合区"，具有联结、协调、沟通的作用，在"兴奋分化"的同时，产生"兴奋泛化"，引起"感觉的挪移"。人的各个感官不是孤立的，他们作为感觉的分支，多少能够互相替代、互相过渡。一个感官响了，另一个感官作为回忆，作为和声，作为看不见的象征，也就起了共鸣，这是一种生理现象，即对一个感官的刺激也引起其他感官产生相应而不同的反应。与此同时，它又是一种心理现象，是大脑相应部位的神经细胞之间发生的共鸣和联想。一种刺激可同时激起多种感官的不同感知，在大脑中引起共鸣，人类感官的这种通感作用构成了人们认知事物又一生理和心理基础。生理上和心理上的通感构成了人类普通的一种认知方式，即从某一感官范畴的认知域引向另一个感官范畴的认知域，形成了人类认识客观世界和表达思想感情的一种重要手段，成为人类一种普遍的语言现象。

在人的日常心理中，通感的发生是自发的、低层次的心理活动。在日常语言词汇系统中，有很多词都是在通感心理的作用下构成的，如悲凉、热情、冷静、冷笑、冰冷、热闹、香甜、苦寒、音乐、字正腔圆、秀色可餐等。但是在美的领域中，通感则是一种高级的审美创造活动。在通感的联觉关系中，以视觉和听觉的沟通最为普遍，无论是在日常生活还是在审美领域，音乐是听得见的色彩，色彩是看得见的声音。人的大脑贮藏的感觉信息，大部分来自视觉，少部分来自听觉。因此，当人们感知某一个客观事物时，不仅引起相应的感觉，而且，大脑中原来贮存的大部分来自视听的感知信息、经验、记忆，经过想象和联想，还会补充、丰富和发展这种感觉，并把一些没有直接感知到的东西赋予给它。

通感既是很多辞格产生的心理基础，同时其艺术语言的呈现形式又有一定的规律性。通感意象是为了创造审美效应而利用不同感官之间的相互联系，通过某些语言呈现策略而营造的意象，其产生的心理背景就是审美创造过程中的反常心理。意象除了视觉的以外，还有听觉的、味觉的、嗅觉的意象，而且还有"热"的意象和"压力"的意象（"动觉的""触觉的""移情的"）等。

（2）通感意象的语言呈现策略。不同感觉之间短暂的"联姻"，在语言符号上必定有相应的呈现形式。以诗歌语言为例，具体探讨通感意象的语言策略。通感一般是把分属于不同"感觉域"的词或词组，通过特定语法手段组合在一起，使核心意象的词义发生变化——感染上其他"感觉域"所特有的色彩，从而形成通感意象。

一个语义场的各个义位不仅在意义上有关，而且在意义上互相制约、互相规定。因为，一定的词汇和短语只与一定活动有关，所以，在日常语言中，语义场明显的制约着词汇的选择。在这里我们可以把视觉、听觉、触觉、味觉、嗅觉视为 5 个语义场，表示这 5 个不同感觉的词汇，将分属于这 5 个语义场，而且视、听、触、味、嗅分别是这 5 个语义场的具有相互区别意义的义位。例如，感觉物体的软硬、厚薄、干湿、冷暖、滑腻等自然属于触觉感的语义场。正常的语义搭配都是在同一义位汇聚下的语义关联域中，即语义场中进行。纵横两轴上的语言选择、搭配都要服从语义场的规约。具有相同义位的词能够以其相容性而组合在一起，这是它们互相选择的结果；而义位相斥的词不能组合在一起，这是他们互相限制的结果。但是，通感性意象的生成则是有意识地破坏这种正常搭配的逻辑规范，通过特定的语法手段，把不同感觉语义场的词组合到一起，这些词一旦进入到特定语境中，就会互相修饰、感染、交融，把相异语义场特有的感觉色彩赋予给核心意象。

三、汉语言文学的多种体裁赏析

（一）汉语言文学诗歌的赏析

汉语言文学诗歌是中国古代文学的瑰宝，承载着丰富的文化内涵和情感表达。对汉语言文学诗歌进行赏析，不仅可以欣赏其中的艺术魅力，更能理解其中所蕴含的深刻哲理和社会意义。

1. 诗歌形式的赏析

汉语言文学诗歌的形式多种多样，包括五言绝句、七言绝句、五言律诗、七言律诗等，这些诗歌形式在音韵上具有一定的规律，使诗歌的韵律和节奏更加优美动人。例如，五言绝句的每句四个字，五个音节，以平仄相间的韵律方式呈现，给人以简洁明快的感受；而七言绝句则更显得细腻、流畅，每句七个字，七个音节，形成了曲折优美的韵律。五言律诗和七言律诗则在原有的基础上加入了平仄顿挫的规律，使诗歌的表现力更加丰富和深刻。

2. 诗歌主题的赏析

汉语言文学诗歌的主题丰富多样，涵盖了生活、爱情、自然、友情、人生哲理等方方面面。诗歌通过主题的选择和展开，呈现出丰富的情感和思想内涵。主题的选择和表达不仅能够体现诗人的审美追求和个人情感，更能够反映当时社会文化的特点和诗人对社会现实的关注。

3. 诗歌修辞手法的赏析

汉语言文学诗歌中广泛运用了丰富多样的修辞手法，这些手法既能够增添诗歌的艺术性，又能够增强诗歌的表现力和感染力。修辞手法包括比喻、拟人、夸张、对偶、排比等。比喻是将两种事物进行类比，通过暗示和比较来传达诗人的情感和观点；拟人是将无生命的事物赋予人的特点和行为，使其具有生动的形象和个性；夸张是夸大事物的程度或形容，以夸张的表达来强调情感或形象的特点。

4. 诗歌意象的赏析

汉语言文学诗歌的意象是诗歌的核心和灵魂，通过富有想象力的意象，诗人能够将复杂的情感、思想和景象凝练而成，给读者以深远的思考和感受。诗歌中的意象可以是自然景物，如花草、山水、湖泊等，也可以是人物形象，如英雄、君王、诗人自身等，这些意象通过鲜明的描述和独特的象征意义，能够展现作者的情感和思想。意象可以给诗歌增添诗意和魅力,引发读者的联想和共鸣。

5. 诗歌意义的赏析

汉语言文学诗歌的意义是读者在品味和赏析中获取的,它可以是诗歌作者的内心体验和情感表达,也可以是对人生、自然、社会等题旨的思考和反思。每首诗歌都有不同的意义和寓意,需要读者通过深入阅读和思考才能把握,意义的探究和解读不仅需要读者具有文学素养和人生阅历,更需要对诗歌的细致品味和情感共鸣。

6. 诗歌文化背景的赏析

汉语言文学诗歌是中国传统文化的重要组成部分,它承载着深厚的历史、文化和社会背景。通过对诗歌的赏析,可以了解到不同时代、不同地域的文化传统和思想观念。例如,唐代的诗歌反映了盛唐时期的开放和豪放风气,宋代的诗歌则更加注重婉约和内敛的艺术表达。在赏析汉语言文学诗歌时,需要结合历史和文化背景,理解诗歌背后的文化内涵和意义。

总而言之,汉语言文学诗歌的赏析是一项综合性的学术工作,需要结合诗歌形式、主题、修辞、意象、意义、文化背景等方面进行全面的分析和解读。赏析诗歌的方法和技巧主要包含:①了解历史背景,诗歌是文化的产物,它反映了当时的社会、政治、经济等方面的情况,了解诗歌创作时的历史背景可以帮助我们更好地理解诗歌的意义;②研究文化内涵,诗歌中的许多意象和象征都与中国传统文化紧密相关,熟悉中国的传统文化,能够使学生更深入地理解诗歌中的隐喻和比喻;③理解诗歌结构和形式,不同的诗歌有着不同的结构和形式,如五言绝句、七言绝句、律诗等,对诗歌的结构和形式的理解可以帮助学生分析诗歌的韵律、节奏以及诗人创作的用意;④抓住诗歌主题,诗歌通常会通过表现一种情感、描绘一幅景象或者抒发一种思想来传达主题,在赏析诗歌时,要抓住诗歌的主题,并思考诗人想要表达的情感和思想;⑤分析语言表达,诗歌的语言表达往往比较隐晦和具有多义性。通过仔细分析诗句中的词语、修辞和句法结构,可以揭示诗歌更深层次的意义;⑥对比他人评论,阅读他人对同一首诗的评论和解读,可以帮助我们开阔视野,发现更多的诗歌内涵和意义。

(二) 汉语言文学散文的赏析

汉语言散文作为中国文学的重要体裁之一,具有悠久的历史和深厚的文化底蕴。

1. 散文的历史背景

汉语言散文的历史可以追溯到中国古代的文学发展过程中。早在两汉时期,汉族民间就有传统的散文形式，如《楚辞》中的辞章和《赋》等。然而，真正将汉语言散文作为独立的文学体裁进行系统性探索和发展的，则要追溯到魏晋南北朝时期。在这一时期，由于社会动荡和民族文化交流的影响，散文得到了快速发展，并逐渐形成了独具特色的审美风格。

汉语言散文的发展离不开两个重要的因素：①文化传统和思想观念的影响；②社会背景和时代氛围的作用。中国古代儒家思想的影响使汉语言散文具有了明显的道德和伦理关怀，强调情感、思想和人性的表达；而佛教和道教的渗透，则为散文注入了超越物质世界的精神追求。同时，社会动荡的历史背景和文人士族地位的变迁，也为散文的创作提供了广阔的题材和表现空间。

2. 散文的审美特征

（1）语言的韵味和表达力。汉语具有丰富的表达手段和多彩的音韵体系，这使得汉语言散文在表达感情和思想时更加富有诗意和音乐性。汉语言散文善于运用各种修辞手法，如比喻、夸张、借代等，通过对语言的精心打磨和布局，使作品更富有韵律感和节奏感。

（2）层次分明的叙述结构。散文注重叙事的层次感和结构的安排。在一篇散文中，作者往往通过清晰的叙述结构和合理的篇章布局，将情节、人物、意念有机地组织起来。层次分明的叙述结构，使作品更具有逻辑性和故事性，更容易引起读者的共鸣和思考。

（3）感性和理性的结合。散文通常既注重感性和情感的抒发，又注重理性和思考的表达，往往在感性的描写中暗含理性的思考，或在理性的叙述中融入感性的情感。感性与理性的结合，使得汉语言散文既能打动人的心灵，也能启发人的智慧。

3. 汉语言散文的主题思想

汉语言散文的主题思想丰富多样，主要包含以下方面：

（1）生活与人情。散文中常常表现出对生活的热爱和对人情的关怀。通过对日常琐事、家庭生活、社会乡土的描写，展示人们对真实生活的感悟和热爱。同时，散文还通过对人与人之间的情感关系的描绘，表达对人情温暖、亲情、友情、爱情等的思考和赞美。

（2）心灵与情感。散文常常通过对人类内心世界的探索，表达对情感的理解和追求。散文作品中描述了人们的喜怒哀乐、痛苦和欢乐，深入揭示了人类内心的情感起伏和心理状态，这些情感的表达和思考，让读者对自己的内心有所触动和共鸣。

（3）自然与环境. 自然元素在汉语言散文中占据重要地位，如山水、花草、风雨等，散文通过对自然现象的描绘和对自然景观的赞美，体现了人与自然的和谐关系。同时，也让人们反思人类与自然环境的互动和依赖，并探讨人类对自然的责任和保护。

（4）历史与文化。言散文常常以历史事件、文化传统为题材，通过对历史文化的回溯和思考，表达对传统文化的尊重和对历史的思索。散文中对历史人物、历史事件的重新诠释和评价，既展示作者对历史的思考和把握，也让读者对历史文化有更深刻的理解和认识。

总而言之，汉语言散文作为中国文学的重要组成部分，通过独特的语言表达和审美特色，展现了丰富多样的主题思想和文化内涵。赏析汉语言散文需要我们对其历史背景、审美特色和主题思想等进行深入的学术性探讨和解读。通过对散文形式、语言表达、主题思想的分析，人们能更好地理解和欣赏汉语言散文的魅力所在。

（三）汉语言文学小说的赏析

小说作为中国文学的重要分支，积淀了丰富的创作和赏析传统，它以其独特的叙事方式、深刻的人物形象和丰富多样的主题内容，深受读者的喜爱和赞赏。

1. 小说的发展背景

汉语言文学小说的发展可以追溯到中国古代文学的兴盛时期。古代中国的传统小说起源于唐宋时期，当时以志怪小说和笔记小说为主要形式。随着明清时期的到来，小说逐渐成为文人士大夫的创作和阅读重点，形成了以《红楼梦》《西游记》《水浒传》《三国演义》等为代表的经典之作。汉语言文学小说的发展离不开社会、文化和时代背景的影响。中国古代社会动荡的历史背景、封建社会的思想观念、文人士族阶层的兴起，都为小说的创作提供了宝贵的素材和条件。小说作为一种长篇故事的叙事形式，得到了文人士大夫的推崇和喜爱，并逐渐发展成为中国文学的重要组成部分。

2. 小说的文学风格

（1）叙事性与艺术性的结合。小说以其独特的叙事方式引人入胜，小说中常常采用生动的描写和细腻的刻画，通过对人物形象、环境景观和事件发展的具体而细致的叙述，让读者身临其境，如临其境。与此同时，小说又强调艺术性的表现，通过巧妙的句法和修辞手法的运用，使作品更富有美感和审美价值。

（2）人物塑造的多样性和生动性。小说以其丰富多彩的人物形象著称，小说中的人物形象常常生动鲜活，具有丰富的心理活动和独特的个性特点。作者通过对人物的细致刻画和复杂关系的描绘，展示了人性的多样性和复杂性，使读者能够对其中的美丑、善恶、忠奸等进行深入思考。

（3）主题内容的多元性。小说涵盖丰富多样的主题内容，小说的主题可以涉及人与人的关系、社会现象、伦理道德、历史事件等方面。例如，从《红楼梦》中的爱情悲剧到《水浒传》中的义气江湖，每一部经典小说都蕴含着深刻的思想和人生哲理。

3. 小说的叙事结构

汉语言文学小说的叙事结构是其核心特征之一，其多样性和巧妙性为其赏析增添了更多的乐趣。常见的小说叙事结构主要包含以下方面：

（1）线性叙事结构。线性叙事是最普遍和基本的叙事结构，故事按照时间顺序或者事件发生的先后顺序进行叙述，呈现一个连贯的故事。故事的起承转合顺序清晰，让读者能够较为系统地理解故事的发展和人物的变化。

（2）嵌套叙事结构。嵌套叙事是一种将多个故事或者视角交织在一起的叙事方式。在小说中，可以通过回忆、闪回、倒叙等手法将多个时间段或者多个视角交错叙述，以扩展故事的深度和广度。嵌套叙事结构能够增加故事的复杂性和层次感，引发读者的思考和联想，使故事更加丰富和有趣。

（3）多条线索交织叙事结构。多条线索交织叙事是指在小说中有多个平行叙事线索同时进行，这种结构可以使故事更加丰富和复杂，不同线索之间可能相互影响、呼应或者产生碰撞。通过巧妙地组织多条线索的交织和衔接，作家可以创造出扣人心弦的故事情节。

（4）反转叙事结构。反转叙事是一种以意外、突变或者出人意料的方式展开故事的叙事结构。通常，读者会按照一定的预期去理解故事的发展，但当出现反转时，会突破读者的预期，产生令人惊喜或者震撼的效果，这种叙事结构常常用于小说的高潮部分，为故事带来更强的吸引力和紧张感。

（5）反思性叙事结构。反思性叙事是一种将小说中的叙述者作为故事的参与者，通过他们的回忆、思考和评述，对故事中的事件和人物进行反思和解读的叙事形式，这种叙事结构常常引导读者思考更深层次的课题，如存在意义、人生哲理等，同时也揭示了叙述者的观点和态度。

通过这些叙事结构的灵活运用，汉语言文学小说实现了在时间、空间和情节等方面的多样性和立体感，这些不同的叙事结构为读者提供了更丰富的阅读体验，并加深了对作品的理解和赏析。

汉语言文学小说作为中国文学的重要组成部分，在赏析时需要对其历史背景、文学风格、叙事结构和主题内容等方面进行深入的学术分析。通过对小说形式、叙事方式、人物形象和主题思想的探讨，能更好地理解和欣赏汉语言文学小说的独特魅力。与此同时，汉语言文学小说也是传承和发展中国优秀文化传统的重要载体，通过对其赏析和研究，能够加深我们对中华文化的认同和自豪感，进一步推动文学艺术的繁荣和发展。

在赏析汉语言文学小说时，需要关注作品的历史文化背景，了解作家的创作意图与社会背景，以及分析作品的文学特色和艺术手法。首先，可以对作品中的人物形象进行深入解读，分析其性格特征、内心活动和与故事情节的关系。通过揭示人物形象的多元性和复杂性，我们可以更好地理解小说中所表达的人性、社会现象和文化内涵；其次，应注意作品的叙事结构和文学风格，分析小说的叙事方式、时间顺序、情节设置以及修辞手法等，可以揭示出作家的艺术手法和独特风格，深入理解小说的艺术魅力和文学意义；最后，对小说中的主题内容进行探讨，思考作品所反映的社会问题、人生哲理和文化价值。通过分析小说所传达的思想和意义，能够获得对作品更深入的理解和赏析；最后，运用文学批评理论和相关研究成果作为参考，将其置于文学史、文化背景和时代背景的大背景下综合分析，对作品的艺术价值和文化意义有更全面的把握。

总而言之，汉语言文学小说的赏析是一项综合性的任务，需要我们对作品进行细致入微的分析与解读。通过深入研究和赏析，使学生能够更好地欣赏和体味汉语言文学小说所蕴含的文化底蕴、艺术魅力和思想内涵，同时也能够增强学生对中国优秀文学传统的认同和自豪感。

（四）汉语言文学戏剧的赏析

汉语言文学戏剧是中国传统文化的重要组成部分，具有悠久的历史和深厚的积淀。作为表现和传承中华民族精神的艺术形式，戏剧在中国社会发展中起到了重要的角色。在古代，戏剧多与宴会、婚庆等文化活动相结合，为人们提供娱乐和欢乐。戏剧作品通常以歌舞剧、杂剧等形式呈现，其中以曲艺和评剧最为著名。曲艺是一种利用口头表演的形式，结合音乐、舞蹈和讲故事的艺术，常常用于传递民间故事和传统文化的内容。评剧则是以北京方言为基础，通过念白和唱词的方式进行表演，其音调婉转悠扬，极富表现力。

在戏剧中，曲艺和评剧的发展最为成熟，既有丰富的表演形式，又有深厚的文化内涵。曲艺以幽默诙谐的表演风格和丰富多彩的剧情而闻名，常常通过夸张的表演手法来吸引观众的注意；评剧则以其华丽的唱腔和深入人心的表演而深受观众喜爱。

首先，戏剧它注重角色的塑造和人物形象的塑造。在戏剧中，演员通过表演，将剧中的角色栩栩如生地展现在观众面前，通过语言、动作、面部表情等手法，使人物形象更加鲜活，让观众情绪与其产生共鸣；其次，戏剧作品重视情节的发展和冲突的升华，故事情节的设置和发展对于戏剧的吸引力和观赏性至关重要，一个扣人心弦的情节能够吸引观众的注意力，让他们沉浸其中，从而更好地领略戏剧的意境和美学价值；最后，戏剧注重音乐和舞蹈的运用，音乐和舞蹈作为戏剧的重要组成部分，通过和谐的旋律和动感的舞蹈，增强作品的艺术感染力，使观众在欣赏戏剧的同时，还能享受到音乐和舞蹈带来的视听享受。

戏剧除了艺术层面的价值外，还对社会产生了深远的影响。首先，戏剧作为一种传统的表演艺术形式，代表了当时的社会风貌和价值观念，通过戏剧，人们可以了解到古代社会的生活方式、思想观念、道德规范等方面的内容，对于文化的传承和扩展起到了重要的作用；其次，戏剧作为一种娱乐形式，能够为人们提供精神享受和情感宣泄的空间。观看戏剧可以让人们暂时抛开现实的烦恼，沉浸在故事情节之中，感受不同的情感体验，从而达到调节情绪、释放压力的作用；最后，戏剧也是一种社会交流和互动的方式。观众们在观看戏剧的过程中，不仅是被动的接受，而是可以与演员和其他观众进行互动和讨论，分享彼此的感受和见解，从而加深彼此之间的交流和理解。

在当代社会，戏剧仍然保持着重要的地位，并得到广泛的关注和推广。随着社会的发展和观众需求的变化，戏剧形式和内容也在不断创新。现代戏剧作品更加注重对当代社会和人性的思考，呈现出更加多元化和深入的艺术表达方式。戏剧不仅在中国国内有着广泛的传播，还在国际上获得了一定的认可和影响力。戏剧演员的培养和戏剧教育的推广也得到了越来越多的关注，为戏剧的传承和发展提供了坚实的基础。

总而言之，戏剧作为中国传统文化的重要组成部分，具有悠久的历史和深厚的积淀，不仅在艺术层面展现了丰富多彩的形式和独特的美学价值，还对社会产生了深远的影响。在当代社会，戏剧仍然保持着重要的地位，并在不断创新和发展中展现出新的活力和魅力。通过对戏剧的赏析和研究，可以使学生更好地了解和欣赏汉语言文学戏剧的独特魅力，同时也能够体味到其中蕴含的深刻人生哲理和文化内涵。

第四章 汉语言文学阅读与写作教学

第一节 汉语言文学阅读教学的必要性

一、汉语言文学阅读教学的作用

汉语是世界上使用人数最多的语言之一，而汉语文学作为中华民族的文化瑰宝之一，具有深厚的历史文化底蕴。汉语言文学阅读教学作为传授汉语语言和文化的重要方式之一，具有不可忽视的重要性。在推动汉语教育国际化的背景下，汉语言文学阅读教学的必要性更显重要。在全球范围内，汉语言文学作为中华文化的瑰宝，不仅可以增进跨文化交流和理解，也有助于培养学生的文化素养和人文精神。汉语文学的教学作用主要包含以下方面：

第一，扩展词汇量。汉语言文学阅读教学可以通过提供大量的文学作品，帮助学生扩展词汇量。词汇是语言的基础，只有掌握了足够的词汇，学生才能更好地理解和运用汉语。文学作品中常常涵盖了各个领域的专业词汇和高级词汇，通过阅读文学作品，学生可以在寓教于乐的过程中不断吸收新的词汇，拓宽词汇网络，提升词汇水平。

第二，培养语法意识。汉语言文学作品通常具有丰富而复杂的语法结构，通过阅读文学作品，学生可以增强对语法的敏感性和理解力。例如，仔细阅读文学作品可以培养学生对句子结构、语法成分和语法关系的觉察。通过分析句子结构和语法现象，学生可以逐渐形成对汉语语法的整体认识，提高语法意识，从而运用汉语更为准确和流利。

第三，提高阅读理解能力。汉语言文学阅读教学可以帮助学生提高阅读理解能力。文学作品常常以抽象的方式表达思想和情感，需要读者通过细致的品位和理解才能领会其中的内涵。通过阅读文学作品，学生可以培养深入思考、推理和总结的能力，提高阅读理解和批判性思维水平。阅读文学作品还能拓宽学生的视野，提升他们对不同文化和价值观的认知。

第四，培养综合语言运用能力。汉语言文学作品融合了诗、词、曲、剧等多种文学形式，具有多样性和综合性。通过阅读文学作品，学生可以接触到不同的文学风格和写作技巧，培养自己的文学鉴赏能力和写作能力。阅读文学作品还有助于提高学生的表达能力和修辞能力，通过模仿优秀的文学作品，学生可以提升自己的写作水平和语言表达能力。

第五，汉语言文学阅读教学有助于拓宽学生的文化视野。通过阅读经典文学作品，学生可以了解中国古代文化、历史、哲学和社会风貌。例如，通过阅读《论语》可以深入理解儒家思想；通过阅读《红楼梦》可以了解清代社会人们的生活。汉语言作品不仅是文字的艺术表达，更是深入揭示人性的窗口，通过学习汉语言文学，学生能够更好地理解中国文化，培养跨文化交流与理解的能力。

第六，汉语言文学阅读教学对于学生的语言修养和写作能力也具有重要意义。文学作品中的语言表达常常具有独特的艺术性和感染力，通过阅读文学作品，学生可以模仿优秀的语言表达和修辞手法，培养自己的语言感知和表达能力。与此同时，阅读文学作品也有助于拓展学生的思维方式和逻辑思维能力，使其在写作和表达上更具深度和广度。通过培养学生的语言修养和写作能力，可以帮助他们在学术领域和职业生涯中获得更好的发展。

第七，汉语言文学阅读教学有助于培养学生的审美情趣和艺术欣赏能力。文学作品是情感和思想的艺术表达，它们通过独特的想象力和美学形式打动人心。通过接触文学作品，学生可以欣赏各种文学体裁和风格的优秀作品，培养自己的审美情趣和艺术鉴赏能力，这种培养将使学生更有能力欣赏和创造优秀的文学作品，丰富自己的内在世界。第八，汉语言文学阅读教学还能促进学生的情感和人文关怀。文学作品通常揭示人类情感和人性的复杂性，通过阅读文学作品，学生可以感悟人生的价值和意义，培养对他人痛苦和欢乐的关注和同理心，这种情感体验和人文关怀的培养，不仅有助于学生的个人成长和幸福感，也提升了他们作为社会成员的责任感和社会参与意识。

然而，在实施汉语言文学阅读教学时，也面临一些挑战。首先，文学作品通常需要学生具备一定的语言基础和阅读能力，因此，在教学设计上要注意根据学生的水平和特点进行分层教学，以确保教学效果；其次，文学作品的主题和内容多样，需要教师有针对性地选取和解读作品，以满足学生的学习需求；再次，教师应引导学生运用多种阅读策略，培养学生的主动阅读能力和批判性思维，从而提高阅读理解的深度和广度；最后，教师还应与学生共同探索文学作品背后的文化背景和内涵，促进跨文化理解与交流。

二、基于多种视角的汉语言阅读教学价值

在汉语言文学阅读教学中，价值主体是多元的，既包括显性的学生与教师主体，又包括隐性的社会主体，每一个主体需求又是各不相同的，这就决定阅读教学主体需求的多元

化。而价值客体既包括解读对象的言语作品，又包括解读行为的教师导读和学生解读，其属性、特点也存在很大的差异性，这又造成阅读教学客体属性的多样性。汉语言文学阅读教学主体需求的多元化和客体属性的多样性，带来了阅读教学价值的多样性。基于各种视角的汉语言文学阅读教学的价值主要包含以下方面：

（一）教育目的视角

阅读教学的个体主体和社会主体在需求上虽然有相一致的部分，但是因其出发点不同，他们对阅读教学的需求还是存在很大的差异。学生个体对汉语言文学阅读教学的需求主要表现在知识、能力、方法以及文化教养方面，而社会主体对阅读教学的需求表现在传统文化的传承、伦理道德的灌输、政治思想的教育等方面。主体需求的不同，将会导致阅读教学价值的不同，对不同主体需求的满足，就形成了不同主体的价值形式，即阅读教学的个体价值和社会价值。对社会存在、在满足自身需要中体现出自身价值，主要是指阅读教学活动；对学生个体发展阅读教学的社会价值，主要是指阅读教学延续和发展需要的满足，在满足社会需要的过程中体现出自身的价值。

汉语言文学阅读教学的个体价值和社会价值之间的关系，在社会发展的不同时期会表现出不同的特点，如在社会繁荣发展期，社会需求在内容和形式上反映了个体需求的特点，即社会与个体需求基本保持一致，社会价值与个体价值就呈现出和谐一致的特点，阅读教学会呈现出一种相对稳定的状态；而在社会动荡期，原有的社会发展模式不能完全适应社会发展的要求，受到新兴社会形式的冲击，作为个体的学生希望成为更加自由的、更加开放的新社会形式的成员，这时的汉语言文学阅读教学社会主体需求与个体需求已经出现反差，体现在阅读教学的价值上，就是社会价值与个体价值的不一致上。

（二）教学内容视角

从教学内容的视角而言，汉语言文学阅读教学的价值可分为知识工具价值和文化教养价值，工具价值和文化价值都属于阅读教学的内在价值。阅读教学不论是社会主体还是个体主体，其需求的满足都是通过对学生的改变来实现的，学生最终的变化是衡量阅读教学价值实现的主要标准。汉语言文学阅读教学对学生的改变是立体的、全方位的，它决定了学生将成为一名具有怎样个性特征的个体。学生的改变与言语作品的内容相一致，包括知识方面和教养方面，其具有的价值也可分为知识的价值和教养的价值。

知识的价值是指阅读教学对学生知识积累方面具有的价值，教育活动本身就是向下一代传授知识、培养生存能力的社会实践活动，具体到语文学科而言，它是以语言及其运用为主要内容的教学活动，阅读教学是其主要的教学形式，由于阅读教学的教材主要是由一篇篇言语作品组成的，这些言语作品不仅是学生积累字词等语言基本知识的主要渠道，同时还是他们学习运用语言的极好范例。教材中的大量文学作品，不仅是不同时期语言运用的典范，它们本身还蕴含着丰富的人文信息。因此，汉语言文学阅读教学可以积累学生的语言方面的知识、文章方面的知识和文化方面的知识，阅读教学的知识价值，包括语言知识的价值、学生文章知识的价值和文化知识的价值。

汉语言文学阅读教学教养方面的价值主要是指阅读教学对感情、态度、价值观等方面产生的积极影响，阅读教学其本身固有的文化性格必然对学生的文化成长起到潜移默化的作用。从汉字方面而言，汉字是汉民族文化的记录符号，是文化的载体，透过汉字人们可以触摸到民族传统文化发展的脉络；言语作品是作家情感的外化形式，它反映出作家对世间万象、宇宙人生的态度和情感。阅读优秀的作品，就是在与这些大师们进行心与心的对话与交流，通过这种对话与交流，达到对作家的理解、对作品人物的理解，进而达到对整个作品意义的深刻理解。与此同时，通过这种对话与交流，学生对人生、对世界、对价值都有了新的认识，对自我也有了新的理解，并在原来的基础上做出相应的调整，形成了一个"新我"，这个"新我"不是指知识增长后的"新我"，而是指人的教养方面得到改变、对人生意义有新的认识的"新我"。汉语言文学阅读教学对这种"新我"的形成所具有的价值，就是教养方面的价值。

（三）教育功能视角

从教育功能的角度而言，汉语言文学阅读教学的价值可分为内在价值和外在价值，内在价值是阅读教学的固有价值；外在价值则是阅读教学的附属价值。主体需求是价值存在的基础，阅读教学主体的需求是多样的，在这众多的需求中，有些是阅读教学的应有需求，占有主导地位；而有些则不是阅读教学的应有需求，是一种附属的需求。

汉语言文学阅读教学的主体虽然包括学生、教师、社会三个方面，其需求各不相同，但还是以学生的需求为主，阅读教学的目标都是通过学生这一主体的改变来实现的。通常情况而言，某一具体客体的属性也不是单一的，往往具有多种属性，在这些属性中，有些属性是起着主导性作用的，它决定着客体的本质特点仅起到辅助性作用，才发挥出相应的作用处于从属地位，还有一些属性则是外加于客体的，而有些属性则仅只在特殊的情况下。汉语言文学阅读教学的客体属性也是如此，虽然阅读教学客体包括言语作品、教师的导读和学生的解读三个方面，属性各不相同，但它们又有一个共同的特点，那就是能够促进学生在某一具体方面的发展，正是因为具有这一特点，它们才能成为阅读教学的客体，成为现在的教学形式。

在汉语言文学阅读教学中，主体需求和客体属性的多样性，以及它们在其各自的体系中所处的不同地位，决定了阅读教学的价值功能的不同。阅读教学具有众多价值，能够满足阅读教学主体"应有需求"的那部分价值，对阅读教学而言就是一种内在价值，而不能满足主体"应有需求"、只是满足一般需求的价值，就是阅读教学的外在价值，或称为附属价值。

汉语言文学阅读教学的内在价值是指阅读教学活动应有的价值，是对学生在知识、能力、方法、情感、态度、价值观等方面的积累和发展中起到积极意义的价值，主要包括：①知识方面，包含语言的知识、文章的知识、文化的知识；②能力方面，包括对言语作品的解读能力和对自己情感的表达能力；③文化素养方面，包括民族的文化规范和对人生意义的理解和思考。

汉语言文学阅读教学的外在价值是指在阅读教学中存在的阅读教学客体一般属性对主体一般需求的满足方面的价值。因为阅读教学中的文本是以语言为媒介的，而语言的信息载体这一工具性特征，赋予了阅读教学外在价值存在的依据。具体而言，阅读教学的外在价值，包括政治价值（思想政治教育）、应试价值等内容。

汉语言文学阅读教学的内在价值与外在价值对阅读教学的意义是不同的，其地位也是不同的，阅读教学的内在价值是阅读教学的应有价值，也是其必须要实现的价值，它满足的是阅读教学主体的应有需求，处于价值体系的主导地位，而阅读教学的外在价值则是一种从属的价值。

（四）文化内涵视角

汉语言文学阅读教学具有文化育人的功能，教学过程是一个以"文"化"人"的过程，因此，文化价值是阅读教学固有的价值，也是最重要的价值。基于文化内涵视角的阅读教学价值主要包含以下方面：

1. 社会文化内涵

从社会文化内涵而言，汉语言文学阅读教学过程是一个民族文化传承和发展的过程，这一过程主要包含以下方面：

（1）阅读教学是一个文化的选择与整理的过程，会对文化做出选择，所选择的内容，必须符合一定的要求，即既要反映出文化在一定时期内的发展趋势，是一种先进文化的要素，同时又要适合于本区域、本社会的现实要求，能促进本区域政治、经济、文化的协调发展。各个被选中的文化要素要想建构成一种新的文化，还必须经过加工和整理，以便融合为一种具有独特品性与特点的文化形式。而阅读教学在对文化要素进行选择的同时，也已经在进行着各种文化要素的整理和融合。

（2）汉语言文学阅读教学是一个文化传播与活化的过程。新的文化形式形成后，只有通过传播，才能被大多数人所认可和接受，才能取得主流文化的地位。而这种文化的传播，主要是通过教育的实施来实现的。而阅读教学就是这一文化传播的最重要的形式。

（3）汉语言文学阅读教学是一种文化的更新与创造的过程。语文教育在传播文化的过程中，并不是机械、僵化进行的，它对文化起到更新、创造的作用。教师在教学的过程中，会根据实际情况，对原有的文化内容做出相应的变更和调整，以更能适应社会的需要及学生对文化的要求。在学习过程中，学生由于思维力、想象力、创造力以及个性发展不同，也会对学习内容做出更新和重建，使文化的内容得以不断创新并越来越丰富。

2. 个体文化内涵

从个体文化内涵而言，汉语言文学阅读教学是一个学生文化主体的生成过程。人之所以不同于动物，是因为人具有文化性，一些科学家从生物学的角度来考查人与动物的区别，发现人在大脑构造和发音器官的构造方面与动物有明显的不同，这些不同主要是因为语言在人类长期的进化中所起到的重要影响，它同时又为人接受和使用语言打下了生理方面的基础。语言是人类发明和使用的最重要的符号，通过语言，个体才能实现与他人之间的交往，在交往中完成文化的继承、传播与发展。

汉语言文学阅读教学正是一种以语言为载体的言语交流活动，通过对言语作品的阅读，学生完成的是对民族文化的一种认同，因为每一个个体要想成为民族大家庭的一员，必须得到这个群体的认可和接受，学生正是通过阅读活动，才熟悉了本民族成员的外在行为习惯，并努力使自己的言语行为与这一习惯相一致。与此同时，通过对作品的深入阅读，他们对这个民族的规范、制度有进一步理解，不仅明白该如何做，还应明白为何这样做。但是只做到这些还是远远不够的，学生应该是文化的生产者，这就要求学生不能仅满足于接受社会文化的塑造，同时要有文化的自我意识，即具有对文化的分析能力、判断能力、选择能力和创新能力，而要做到这一点，就必须从更高的层面即人生的意义层面来思考文化。

汉语言文学阅读教学中的言语作品客体，正是一个个不同时代的作者对人生意义的自我阐释，通过与作品的对话，学生能够获得认识人生意义的很好启示。他们可以从生存意义的高度来认识各种文化的优点和不足，并主动地对各种文化做出自己的选择，吸收本民族文化中的积极要素，汲取外来文化的精华，形成一个新的文化个体，这个文化个体脱胎于原有民族文化的母体，保有本民族文化的特征，但又具有鲜明的个性。学生的文化生成的过程是没有尽头的，伴随着阅读活动的不断深入，学生对文化的理解也会越来越深刻。

3. 文化价值体现

汉语言文学阅读教学文化价值的实质，是阅读教学对学生以"文"化"人"过程中所起到的积极意义。汉语言文学阅读教学的过程是一个文化的过程，这一过程既包括社会文化的传承和发展，同时又包括学生个体文化的生成，这其实是在同一种活动中完成的同一项内容，因为社会文化的传承和发展必须通过对学生的文化改变才得以实现，而学生的文化生成本身就是对社会文化的一种继承和发展。汉语言文学阅读教学的以"文"化"人"的价值，正是体现了社会文化与个体文化和谐发展的一致性，具体包含以下方面：

（1）体现学生在汉语言文学阅读教学中的主体性地位。社会文化价值与个体文化价值的统一，是汉语言文学阅读教学一直追求的教学理想，但现实的教学实践远没有实现这一目标。近代科学发展以来，人类对世界的认识越来越深刻，积累的知识也越来越丰富，为了更好的传递这些知识，教育发生了较大的改变，一些新的学科得以开设，教授的内容较之以前更加系统而深入，但这时教育的中心已经发生了改变，即由以前的围绕学生的发展为中心来实施的教育，现在转为以知识的自我保存和传递为中心的教育，体现在阅读教学中，那就是重视社会文化的传承而忽视学生个体的自我生成，最终导致学生的片面发展。教育活动是一种以人为根本出发点的活动，它的一切目标都是围绕着人来展开的，而重视阅读教学以"文"化"人"的教学过程，正是反映了对学生主体地位的尊重。

（2）确保阅读教学对学生培养的文化方向。每一个个体的成长都离不开民族文化的涵化，这也是一个民族文化得以延续、发展的基本渠道。在传统的阅读教学中，学生在入学之前通过家庭、社会的影响已经积累了基本的民族文化知识，形成了初级的民族文化心理，这为学校教育打下了良好的基础。学生面对的阅读内容丰富而复杂，大多是没有经过加工的"粗材料"，这些内容未必都蕴含对学生成长所需的文化营养，借助这一新的阅读渠道，娱乐文化、物质文化、消费文化、通俗文化等文化形式轻而易举地获得了与学生直接亲密接触的机会，而学生对文化又缺乏必要的甄别力，容易受到这些文化形式的影响，如何对学生完成民族文化心理的建构，是对教师提出的挑战。

以"文"化"人"的汉语言文学阅读教学，其所依据的"文"，正是民族文化提炼和浓缩的精华，阅读教学的依"文"而"化"，也就保证对学生文化育人的应有方向。汉族的文化是中华民族各成员相互体认的标志，它也是维系这个民族荣誉感、向心力的精神力量，因此，以"文"化"人"的阅读教学，对传承中华传统文化和学生的文化成长，都是极为重要的。

（3）反映阅读教学文化育人的动态实施过程。汉语言文学阅读教学是以"文"化

"人"的教学过程，在这个过程中，它不仅是一种文化知识的传授，更是对学生精神世界的建构。汉语言文学阅读教学不能简单地采用传授与接受的方式来进行，而是要通过对学生精神世界的生成产生潜移默化的作用。语文教材中的作品，往往反映出作家对世界、对人生的情感和态度，这些都是对学生进行文化熏陶极好的文化营养，而这些文化营养也只能通过对学生精神世界的触动才能被他们所吸收。只有触动学生内心深处的精神世界，才会对学生的情感、态度产生影响，并进而影响自己的外在行为，指导自己的一言一行。阅读教学真正要做到的，是要让学生树立正确的情感、态度和价值观，从这种内在的修养出发，主动地指导自己的外在行为，这才是阅读教学文化育人的结果。

教育要培养的对象，就是既要知道自己"该如何做"，而且"真正地去做"的人。汉语言文学阅读教学以"文"化"人"的教学过程，正是针对学生的精神世界实施的文化的"化"人过程，它反映了阅读教学文化育人的动态实施过程。

总而言之，汉语言文学阅读教学的必要性在于扩展学生的词汇量，增强语法意识，提高阅读理解能力和培养综合语言运用能力，同时也有助于拓宽学生的文化视野，培养审美情趣和艺术欣赏能力，提升语言修养和写作能力，促进情感和人文关怀。尽管教学过程中存在挑战，但通过合理的教学设计和有效的教学方法，可以提高教学效果，提升学生对汉语言文学的兴趣和理解。因此，汉语言文学阅读教学应在汉语教育中得到充分重视和推广，以促进学生的全面发展和跨文化交流。

第二节　汉语言文学阅读教学的优化策略

汉语言文学阅读教学是在汉语学习过程中非常重要的一个方面，它涉及学生对汉语文学作品的理解、分析和欣赏，有助于培养学生的语言表达能力、批判思维能力和文化素养。因此，如何进行有效的汉语言文学阅读教学成为教师面临的重要课题之一。汉语言文学阅读教学的优化策略指的是通过有效的教学方法和手段，提高学生在汉语言文学阅读方面的学习效果和能力。

一、汉语言文学阅读教学的语感优化

（一）对阅读作品进行初步感知

汉语言文学阅读除了基本的"读"之外，还有理解、领悟、赏析、品味之意。由读入手,进入汉语言文学作品的语音世界,对言语表达的韵律、节奏进行初步的感知,作为言语体验的初始阶段,不仅是阅读走向深入的基本准备,其本身也具有不可替代的教学意义。"读"对于阅读教学的初步意义就在于让学生通过读音转换进入言语作品以语音为特点的形式表达,让从音的感知过程中主体融入言语体验状态,同时也相应地满足课程标准对学生读的能力要求,促进学生发展。

学生读的能力主要包括准确的理解能力、分析综合能力、评价与鉴赏能力、发现与创造能力及常选书籍、选择读书方法的能力和使用工具书的能力。注重通过读书方法的选择,主动进行符合言语作品特点和自身的言语体验,虽然不一定读出声来,但也主要是在言语表达向言语吸收的过程中完成对言语作品的初步感知,重点在于学生主动介入文本,并有自己言语感知基础。从学生读的能力基本要求不难看出,以读进行言语作品的语音感知,在语音的呈现氛围中融入主题,初步体验言语语音美和原生态的言语情感和意义倾向,完成阶段言语能力习得的同时,也为言语体验深层意味提供基本的感觉铺垫。

汉语言文学作品阅读的方法有多种,包括朗读、默读、精读、略读、诵读等,每种方法都有一定的要求和特点也都突出某一方面的教学作用,它们的本质特点在于都是把平面的文字语言转化为立体的有声语言,并在艺术的音律表达中感受言语形式美感。阅读教学初始阶段应该有效运用符合汉语言文学作品特点的阅读方法,通过阅读让学生体验汉语言文学作品语音的艺术表达,全面感知语音所带来的主体心理情意反应,在适宜的氛围笼罩中进入汉语言文学作品的体验状态,为更深入的层次体验奠定情意生成基础。

(二) 体验阅读作品的言语美

在对汉语言文学作品语音表达有了初步的整体感知基础上,应该有意识地品味言语声律所特有的审美意味。言语除了一般表情达意的符号功能之外,其本身即以音律和节奏的艺术处理给人情意唤醒的审美体验。要深入地理解言语作品,只融入汉语言文学作品言语音所营造的境感中粗略体验是不够的,还应该在有计划的教学引导中反复品味言语音感,细细体味言语音律的美感及其所带来的情感反应。

阅读方法有多种,根据学生对言语作品理解的程度由浅到深排序:略读、朗读、精读、诵读、默读,可以理解为学生面对一篇言语作品首先应该通过朗读规范字音,掌握正确的言语音表达,融入原生态的自我体验,有意识地感受汉语言文学作品语音在主体世界所能产生的情感反应,这是学生进入汉语言文学作品言语体验状态的初始环节。出声朗读的反复进行中也可以用默读穿插来调节,有利于学生机能运作的休息和使自己的原生态体验明晰而全面。在朗读充分体验汉语言文学作品语音的基础上,进入言语精读细品阶段,这时应具体到言语作品中每一个不同语音表达段落，细看当前的语音处理会有怎样的情境氛围烘托，会有怎样的情感反应和意理表达，具有怎样的表达效果等等，以及不同语音特点转换之间的情意变化。

在精读过程中，有必要将重点的情意突出的段落拿出来特别品味，体验其精妙的语音表达效果。对于优秀的汉语言文学作品或者一般汉语言文学作品的优秀段落，对其体验最高阶段是诵读，学生在反复诵读中领悟作品的思想感情，领略作品的韵味情境，体味作品的语言艺术，通达作品的奥妙之处。重在学生主体与言语表达客体在诵读中自然融合，学生内化言语音律所具有的情意唤醒功能，丰富自我的情意经验，感同身受作者情怀的同时，融入自我的心理反应与之唱和互感，在汉语言文学作品言语体验中使生命变率厚重而有感召力。

（三）进入言语体验状态

汉语言文学作品声律的自身特点影响着其能够引起的读者主体反应，体现为特定的音律和节奏组合具有不同的情意唤醒作用。音律也就是语言文字语音组合，要求在言语作品的表达中音韵协调，音律的协调、节奏的轻重缓急给人带来的审美感受和情意体验应该通过入情入境的诵读来实现。在经过朗读和精读的体验之后，对于汉语言文学作品语音有了准确的把握，并初步感受到言语音律之妙，融入汉语言文学作品语音所传达的情意世界。

汉语言文学对于诵读的言语理解作用的重要观点是"因声求气"说，教师可以把"因声求气"理论当作一种阅读教学言语体验策略。就阅读理解言语作品而言，学生是通过诵其声、观其形、通其意、晓其理、感其情来体味言语本意的，从初次面对汉语言文学作品到阅读教学最终完成，经过一系列的精细化分析鉴赏过程，而因声求气将对言语作品的深层解析，内化为主体的整体感受，强调通过在诵读中反复玩味，体会言语作品文脉、气韵，与言语作品内蕴和作者主体融合达到气通神合的境界，内化言语的真正内涵。通过"因声求气"来强调诵读深化对言语音层面的体验，进行汉语言文学作品基本理解的同时，也进行言语音律艺术表达的审美体验，也在氛围营造中初步进入言语体验状态，为深层次的阅读提供背景支撑和心理预设。

二、汉语言文学阅读教学的语意优化

（一）理解文学作品语意

汉语言文学作品是作者意产生于心中而诉诸外在表达的优秀成果，阅读理解则需循着表达的途径反向运动，即由汉语言文学作品的外在形式阐释文本、理解其意义进入深层内蕴体验的过程。要正确把握汉语言文学作品的意义，成功实现外在形态和表达内容的转换是关键，转换是阅读教学过程由言语声和言语形进入言语内容的必经之路。

第一，体验言意的转换过程。言语生成和言语理解是一个双向交互运动轨迹的组成部分，充分体验这种转换过程应该在言语理解中纳入言语表达的参考因素。体验言意转换过程就是要将双向的言意途径结合起来，以言语表达的视角反观言语理解的回溯，以言语理解结果验证言语表达本意，在转换之间体验特有表达方式对言语理解意义感受的艺术张力，言语理解如何辅助汉语言文学作品向更广阔的言语情意世界拓展，通过过程互释体验言语转换的艺术匠心。

第二，以生活体验辅助语意体验。学生对言语作品的意味的敏锐、准确而细腻的感受能力是在其对生活经验的全面调动基础上形成的。阅读教学需要通过一系列的情景创设与生活经验，使之与言语作品语意世界相融合，从而实现建立在生活经验源泉基础上的言语意深度体验。

第三，体验言语的言外之意。之所以要对言语意进行体验才能充分理解而不能靠单纯的意义分析，最主要的原因就在于个体内在"意"的生成带有丰富的生命意味，而言语表达却不能穷尽其意味，即言不称意。以言语为媒介对汉语言文学作品理解的最佳方式，就是融入言语创作主体通过言语所昭示的情意世界体验言语意的本真所在。汉语言文学阅读教学应该充分调动学生认知经验的生活积累，设身处地去还原、去补充未能表达的言外之意，补充言语表达的空白点和未定点在广阔的言语表达背景中体验言语意义。

（二）体验作品语意

汉语言文学作品阅读教学的解读不能停留在言语字面意义的理解，也不能就言语片段而孤立地揣测作者的原意，成功的汉语言文学作品往往讲究行文脉络的铺展和意理的深入，是作为一个整体的艺术对象而存在的。只有整体地把握汉语言文学作品的意义表达思路，将个别的言语表达理解纳入文本系统的意义偏向才能真正明确文本意味，对于言语意义的体验也才能落到实处，与言语表达本义贴合。

第一，从汉语言文学作品行文脉络体验言语意义的发展。优秀的汉语言文学作品总是有其或明或暗的意义表达思路贯穿于言语作品中的，随着言语表达的内容展开，融入这条文本意义主线的发展过程中体验文本整体意义的生成，也有利于将散乱的言语表达整合为立体的意理理解。

第二，将言语细节和整体相照应品味作者的表达意图。优秀的汉语言文学作品除了优美的表达之外，文本意义也并不单单停留在言语基本意义之上，而具有言近旨远的象征意义，用以含蓄地表达作者的创作意图。深入理解汉语言文学作品这种象征意义，就应该以整体观照的思维留心文本每一细节在表达创作本意的作用，由整体感知到细节品评，再回到作品整体意理。

第三，对言语作品的意理体验，重在将通篇的言语表达整合为符合文本本意的阐释境域，循着意理逻辑深入文本内在意义的解读。当学生对文本深层意蕴有了感知后，再去品味言语表达的效果，更能体会到作者的言语艺术处理之高妙处，同时也能很好地用理性思维检验语意体验，实现言语意体验的教学意义。

（三）深化作品文意理解

汉语言文学阅读教学的主要对象是带有文学性的作品，这些文学作品中的语言并不直指言语意义，而是通过再造形象来传达意义。传达基本的言语意义又并不是文学形象的主要功能，它主要在于承载具有人类普适意味且能够被读者体验感受的审美对象，读者面对文学形象并不以理解形象符号意义为目的，而是去感受形象所体现的人文内涵、思想情感、生命意味等获得审美体验。文学形象是对实在的再解释，对于汉语言文学作品文学形象的理解最可靠的方式即体验文学形象的内在意蕴，深化文章的理解。

汉语言文学作品以形象的形式反映生命外在世界和内心生活，呈现在读者面前的是具体可感的生活画面，以及能被认同且带有一定精神情感倾向的意象。人们之所以能够进入这些形象所昭示的意蕴世界，融入自我主体感受唤起相应的情意共鸣，正在于文学形象的成功运用是基于特定的情意认同的。体验文学形象应该明确所面对的形象具有怎样的普适意味，能够有怎样的基本情意象征，而后再以自我相应的感性倾向进入言语形象意蕴，完成真切体验。

汉语言文学阅读教学过程中必须明确，任何言语形象都不是孤立的，它是作为言语作品展现外在生活或个体内在世界全景的一部分，需要主体体验将言语作品的形象系列整合起来，在共同的情意倾向把握中体验言语意义内涵。言语形象体验不能脱离言语作品的其他的构成要素，应该在作品情节发展、感情基调、行文脉络、主旨表达等阐释体系中确定自己的内容，将其纳入教学规范从而有效生成教学意义。此外，言语形象并不是抽象的言语形式，而是以与生活经验密切相关的感性形式存在的，体验言语形象就应该充分调动与之相适应的生活经验去丰富形象内蕴。文学形象的成功塑造是客观生活经过主观生活情意投射加工后的言语作品，是个体内外生活融合提炼的结果。言语形象体验应注重与作品形象所反映的生活要素相关的生活经验相遇并共同构成言语意理解境域，在生活体验中深化文意理解。

三、汉语言文学阅读教学的情境优化

（一）体验言语作品情感

在汉语言文学阅读教学过程中，由意入情能够顺利地完成教学任务，也使对文学作品的理解在规划中有序进行。具有文学性的汉语言文学作品是意与境、情与景相互融合、浑然一体的艺术品，属主体方面的情意与属客体方面的情与境相互交织渗透共同展现于艺术的言语表达。从主体情意方面而言，这二者构成主体言语表达冲动的源泉，有怎样的情必然外化为怎样的意，通过言语意又能反观作者相对应的情，作为主体内在世界外化的物质形态，言语作品必然体现情意相融的言语内容。情意两者同为主体内在因素，在言语表达中又总是相融的，在文本阅读的时候就很难严格分出彼此。只有同样适应于主体内部操作的体验才能真正完成对言语表达情意内蕴的感知。体验言语情感结合言语表达的情味体现，让言语内在情意相互佐证、补充，能够更好地把握言语作品欲展现的创作主体内在世界。

意、境、情、景共同构成了汉语言文学作品的意境空间，对意境的把握在阅读教学中表现在对以言语意、境、景融合形成的情境的体验。情感作为汉语言文学作品的文学性特征，是言语意、境、景的基本表现内容，意的陈述、境的营造、景的描写往往都归于情感的抒发，而要充分体验言语作品的情感层面，自然应该借助上诉言语意、境、景的物化形态，这各种要素融合渗透，在言语体验过程中构成特有的言语情境。需要说明的是，言语意、景、境的上位范畴其实也是言语意，也就是情感表达所凭借的物化形态，因而由意入情，体验言语情感，应该从文本本意和文本意境多向度进行。

（二）反复领悟言语情境

以言语形式为物质形态的汉语言文学作品其内在意蕴的显现程度取决于阅读者所能够理解、体会的程度，读者的接受状态和主体特点影响着对言语作品的阅读方式和内容。凡是经典的优秀汉语言文学作品总是在涉及人类永恒主题方面或内在意蕴表达中尽力使自己处于一种言语接受解读的开放状态，供读者去融入自己的独特感受或情意，又能找到适当的寄托实现自我满足的审美体验。进入汉语言文学作品敞开世界的前提是对言语本意有了深入的把握，对文字的情感有了真切的体验而后的自我融入才有所依凭而更见深刻。

体验汉语言文学作品情感很重要的状态就是达到读者与言语表达的情感世界融为一体

做到主客体感同身受。言语体验实践过程的着重关注点不在于进入言语情感体验的结果而在如何实现感同身受的过程。读者在解读文本过程中总是带着个体特有的情意准备，甚至对言语情意的理解形成心理定势，虽不是读者以自己的情感为唯一标准，而置言语表达的客体于不顾，但不可避免地会根据自己的情感需要、倾向和唤醒点同化言语表达，是指成为自己思想、情感在某一对象上的投射。从言语情境体验的阅读方式而言，可以充分调动与言语表达相通的情感经验融入汉语言文学展现的情感，再以此为激发点深入自我内心使自我情感得到丰富和宣泄，让已有的情感体验明晰而升华成眼前艺术作品的全部内蕴世界，无形中以言语作品的情景体验为契机实现自我内在世界的成长。将丰富多彩情感表达转化为自己的情感经历，形成由此及彼、彼此相融的复合式情境体验状态。

（三）言语情境驾驭能力

就汉语言文学作品情境体验而言，融入作品言语情境中切己体察、感同身受有了真切的体验之后，一方面，应反求诸己，将言语情境纳入促进自我发展的因素，力求这些阅读行为教学意义的有效生成；另一方面，应由此及彼，在言语情意的充分把握基础上进入文本更深层的意味探寻，向言语作品韵外之至的体验进发。

汉语言文学作品除了言语信息、情绪表达之外，还有更深层的内蕴空间需要读者去体会，学生对汉语言文学作品情感体验的意理把握，处于对文本本身的解读，并未涉及汉语言文学作品中关于言外之意、韵外之至及言语情意所体现作者的精神旨趣等的体验，而这些又是构成言语作品人文意味、精神主旨的重要部分，而且这一系列的深层内蕴又往往以言语作品基本情意为外在表现形式的，需要在语意、情境体验基础上进行。从言语本意体验到言语深层内蕴体验发展的过程，需要读者出乎于文本基本情意表达之外，感受言语表达的弦外之音，并以言语作者的主体内在世界在言语作品字里行间的显现为对象体验其特有的精神旨趣、人格境界、主体个性等。

四、汉语言文学阅读教学的意蕴优化

（一）阅读作品的鲜明个性

任何形式的言语表达都带有主体内在意识的附着特点，而在优秀经典的汉语言文学作品中，主体意识往往又不会直白地展现出来而存在于"意外""言先"，也正是这主体意识的体现才是汉语言文学作品真正的内在意蕴。汉语言文学作品关乎言语主体的内在意蕴要在阅读中获得，最直接也是最有效的方法也就是进入汉语言文学作品营造的意蕴场域，在敞开的言语品位状态中体验言语背后的主体意识，感受主体个性的艺术显现。成功的汉语言文学作品除了表达人类永恒的主题之外，言语主体充满个性化独特的言语表达和对人类主题独到的想法和观点是很重要的特点，学生通过阅读赏析进入言语作品的内在意蕴层面，最忙山最明显的感觉也就是言语主体鲜明的个性。

汉语言文学作品内在意蕴层的主体个性体现在言语表达方面主要分为外在的言语形式展现和内在的言语特性感觉展现，在意蕴体验探讨中主要是对汉语言文学作品所展现的言语个性体味，不拘泥于个别的言语字句的标新立异而在于带有创作主体鲜明个体特征的言语感觉，这是一种整体的言语情味感带有区别于别的生命个体的内在言语韵味，言语创作者和符合言语创作者的个性对应的关系，这种以作者知作品，以作品感作者的双向言语体验敏觉是教师进行言语意蕴体验教学时试图达到的境界。鉴于此，对汉语言文学作品言语表达个性的体验也就有两条途径即从作品到主体和从主体个性到言语特点。当人们提到某位作者总能反映出言语作品的主要风格，这种创作风格很大部分也就表现在其言语个性方面，作家的性情会在其作品的风格中显现出来，但这与言语个性表现个人的创作风格也是一脉相承的。

（二）阅读作品的精神旨趣

言语意蕴是从汉语言文学作品本位出发的，无论深入到多么内在的意蕴都不能脱离言语作品本身，而言语作品内蕴方面的探讨不可能回避言语创作者的主体表达，其主体特征在言语表达中的显现占据很大一部分内容空间，学生进行阅读鉴赏体味到言语主体的内在情味方能真正地达成主客体心性相通，也才能真正实现体验。汉语言文学作品意蕴层体验中应该实现与言语主体的精神旨趣相融相通，感受作者特定的言语表达透露着怎样的精神追求、情感旨趣，有利于体现丰满而真实的主体形象，能够反过来促进学生对与之相应的言语表达的体味。体验言语主体的精神旨趣应从言语作品所反映的主体情味和生命状态两方面着手，结合主体生命内在的情意状态，当前的个人性情鲜明的体现来补充和丰满体验境遇，以生命感遇的状态进行言语体味。

对言语主体精神旨趣的体验最主要的方法就是在品味言语过程中复活表达主体的客观存在，用每一字句都关情的体验视角，品味作者在怎样的精神境界和情味旨趣的状态下有如此的言语表达，当前的言语形式展现怎样的内在意蕴，体现怎样的精神旨趣。当然对言语主体精神旨趣的把握，不能局限于作品中言语片段的品评感受，而应该在作品整体的主体内蕴展现境域中去体验恒定的精神趣味，从整体形象中体味精神境界。

(三) 阅读作品的人格境界

人格境界指主体在生命历程中内心所秉持的人格操守、价值探寻和人生意义追求，其在汉语言艺术创作中所进行人格投射以光辉灿烂而崇高伟大的人格秉持感动着读者，并对读者的思想道德、精神品质起着很好的示范作用和教育意义。人格境界和言语主体精神旨趣是一脉相承的，属于汉语言文学所表达的内蕴空间，指向言语表达主体的生命情味，是言语表达主体意识在言语作品中的反映。汉语言文学阅读教学要担当起对学生人格塑造、心性健康发展、思想道德等教育作用其中很重要的方式也就是通过学习品鉴经典文学作品，感受言语形象和言语主体高尚的人生追求、笃定的人格操守，被崇高的人格形象感动的同时也成为自己人生追求的榜样，从而树立自己的精神信仰，激励自己的人生。

体验汉语言文学作品的内蕴世界，最重要的是以意在言外的意识去品味言语表达，汉语言文学作品的内蕴不会直接呈现在读者面前，需要读者在字里行间的意外之韵、韵外之致中去感受体味，特定的言语表达在特定的言语场域中有怎样的意蕴展现，而这种体验场域的营造必须在言语表达的声、感、情、意、境各个层面综合调动和同时构成言语内蕴体验条件的状态中进行。虽然某一层次的体验品味具有针对性，但在整个言语体验的教学动态中都应该落脚于学生言语能力、精神陶冶、语文综合素养提高并最终促进其全面健康成长的目标指向上来。

总而言之，汉语言文学阅读教学是汉语学习中不可或缺的环节。教师在进行这一教学过程时，应该注重培养学生的阅读兴趣、理解能力和鉴赏能力，同时结合语言学科和文学学科的特点，融入教学的内容和方法。通过这样的教学方法和手段，可以提高学生在汉语言文学阅读方面的综合素养，丰富他们的思维和情感世界，为他们的语言学习之路奠定坚实的基础。

第三节 汉语言文学写作教学的必要性

写作是一种重要的语言表达方式，它不仅是认知能力的体现，更是人类文化传承的重要方式之一。在汉语言文学教学中，写作作为一项关键技能，具有重要的地位。汉语言文学写作教学的必要性主要包含以下方面：

第一，汉语言文学写作教学对认知发展起到重要作用。写作是一种高级认知活动，涉及思维加工、信息整合和创造性思维的运用。通过写作，学生可以锻炼分析、综合、归纳、评价等认知能力，提高逻辑思维和批判性思维的能力。在写作过程中，学生需要思考和组织论点，提供证据支持，并进行逻辑推理和批判性分析，这种思维活动促进了学生的思辨能力和创造力的发展，有利于提高学生的认知水平。

第二，汉语言文学写作教学有助于文化传承和研究。汉语言文学是中华民族宝贵的文化遗产，具有丰富的内容和深厚的历史积淀。通过写作，学生可以更好地理解和传承中华文化。他们可以通过研读古代文学作品，了解古代人的思想、价值观和审美情趣，从而提升对中华文明的认知和理解。同时，通过写作，学生可以表达自己对文学作品的感受和思考，促进对文学的研究和评价。写作不仅是对文学作品的理解和解读，更是对文学创作的延伸和实践，可以培养学生对文学的鉴赏和创造能力。

第三，汉语言文学写作教学有助于提升学生的语言能力。写作是语言运用的综合体现，要求学生能够准确、流畅地运用语言进行表达。通过写作训练，学生可以提高语言的规范性、准确性和丰富性。他们需要选择恰当的词汇和句法结构，把握语言的篇章结构和逻辑关系，使写作文章具有逻辑性、连贯性和说服力。在写作过程中，学生不仅要运用各种修辞手法和表达技巧，还要学会理解和运用文化背景知识，使写作更贴近读者的阅读理解和审美需求。通过不断的实践和反思，学生的语言表达能力将得到有效的提升。

第四节　汉语言文学写作教学的优化策略

第一，课程设置体系化。"为了能够让学校培养出满足社会需求的学生，学校也应完善写作课程的相关配置，增加基础写作课程的课时配比，完善不同课程之间的连续性，帮助学生养成写作习惯"①。比重增加主要有两个方面，一方面是课时的增加；另一方面是课程种类的增加。课程设置应该更加系统、科学。例如，大一阶段可以安排一些侧重写作基础知识和理论的课程，如基础写作，给学生讲授一些基本的写作技巧和方法，如何锤炼语言、如何提炼主题、如何谋篇布局等。大二阶段可以开设一些侧重技能练习的课程，如应用写作、创意写作、文学写作等，应用写作侧重于应用文体的练习，使学生能够熟练进行行政公文、事务文书和专业文书的写作。"创意写作侧重培养创意思维，对接文化创意产业，为其提供具有原创力和创造性的写作从业人员"②。而文学写作则主要教授一些文

①　陈艳红. 汉语言文学教学中培养学生写作能力的措施分析 [J]. 作家天地，2021，(27)：118.

②　胡冬智. 汉语言文学专业写作类课程教学改革探讨 [J]. 教书育人 (高教论坛)，2019，(12)：79.

学性较强的文体如小说、诗歌、散文的写作方法。大三阶段是专业提升阶段，根据学生今后的就业方向，可以开设一些如新闻采访与写作、广告文案写作、影视批评与写作、文学评论与写作、新媒体写作等课程。学生根据个人兴趣，自由选择。大四阶段面临毕业的压力，应该配合开设专业论文写作课程，教授专业论文写作的方法、技巧，对专业知识与写作技能进行全方位的整合。

第二，培养学生的写作兴趣和意识。在汉语言文学写作教学中，培养学生的写作兴趣和意识是非常重要的一环。教师可以通过开展有趣的写作活动和比赛，激发学生的写作热情。比如组织学生写作小组，让他们共同探讨、讨论和改进自己的作品，提高写作的合作性和互动性。此外，教师还可以鼓励学生多积累素材，多阅读优秀的文学作品，培养学生对文学的热爱和追求，为他们的写作提供充足的营养和灵感。

第三，注重写作技能的传授。改变传统写作课重理论轻技能的现状。课堂上理论讲授不超过二十分钟，将更多的时间留给学生进行写作训练，教师随时指导。保障教学效果，应做到：①尽可能采用小班教学的形式，方便每一个学生都能与教师进行直接的交流；②教师要掌控整个练习过程，将以前的结果教学法变为过程教学法。结果教学法指写作课教师布置写作任务，学生交上来完整的写作成品，教师点评。过程教学法可以按写作规律分解成若干个小的步骤，学生按提示来一一进行练习，环环相扣、最终自然而然完成整个作品，此方法既能够降低作业的难度，又能够让学生掌握到一种切实可行的写作方法和技巧，课堂时间得到有效利用，学生在每一个时间段内都可以得到充分的锻炼。压缩课堂理论的讲授时间，以学生为主体进行更多的写作训练的作用至关重要。教师要更加具有责任心，要对写作过程进行细致而合理的规划设计，要随时解决学生练习中出现的困难，加以引导，引导的方法要具体可行，便于操作，对教师提出了更高的要求。

第四，提高写作素材的积累和运用能力。在汉语言文学写作教学中，提高学生的写作素材的积累和运用能力是非常重要的。教师可以引导学生广泛阅读，积累各种类型的文学作品和资料，拓宽学生的文化视野和阅读量。同时，教师还可以组织学生进行实地考察和调研，让他们亲身体验和感受真实的社会生活和自然环境，为写作提供真实可信的素材和背景。在写作过程中，教师可以指导学生运用合适的素材，使作品更加生动、有趣、富有表现力。

第五，注重批改和反馈。在汉语言文学写作教学中，注重批改和反馈是提高学生写作能力的关键环节。教师应该及时对学生的作文进行批改和评价，并给予具体的建议和指导。批改时，教师可以从文体结构、语言表达、逻辑推理等方面进行评价，帮助学生发现自己的不足之处，并提出改进的方法和建议。此外，教师还可以组织作文评比和互评活动，让学生之间相互交流和学习，促进作品质量的提高。

第六，鼓励创新和个性化写作。汉语言文学写作教学中，鼓励学生的创新和个性化写作是非常重要的。教师应该鼓励学生勇于表达个人观点和思想，尊重学生的个性着异和创造力。在教学中，教师可以设计一些开放性的写作任务，让学生有更大的自由度和发挥空间，培养学生独立思考和创新的能力。同时，教师还可以组织写作比赛和展示活动，鼓励学生积极参与，展示自己独特的写作风格和才华。

第七，运用多媒体技术和网络资源。在现代科技发展的背景下，教师可以充分利用多媒体技术和网络资源，拓展汉语言文学写作教学的形式和手段。教师可以利用投影仪、电子白板等设备展示优秀的作文范文、优秀的写作案例，让学生在观摩中学习和借鉴。同时，教师还可以引导学生使用电子词典、写作软件等工具，提高学生的写作效率和准确度。此外，教师还可以利用互联网资源，引导学生进行线上写作讨论和交流，扩大学生的写作视野和交际空间。

第八，与社会实践对接。写作不仅局限于课堂的练习，要走出校园，走向社会，直接与产业对接，把学生的学习、创作活动与社会实践紧密结合，最好能够根据客户的要求和产品、市场的需求进行写作。既培养学生敏锐捕捉社会前沿信息的能力，也可以更好地激发学生的创作热情，在实战中得到锻炼。因此，专业可以积极地与各对口实习基地建立联系，一方面，邀请对口单位、企业走进校园、走入课堂，面对面与学生进行交流，必要时聘请文字工作人员来学校授课；另一方面，也可以让学生走出去，用尽可能长的时间如周末、寒暑假、业余时间到实习单位跟班学习，参与企业的行政管理和文化宣传工作，了解实际工作中常用的文体，写法。

总而言之，汉语言文学写作教学的优化已经是势在必行，在优化的过程中也必然会出现各种问题，这些都需要教师、专业、学校去思考、去解决，唯有如此才能真正将专业培养目标落到实处，培养出符合社会需求的毕业生。

第五章 汉语言文学教学的测量评价

第一节 汉语言文学教学的测评准备

汉语言文学教学的测量与评价要按照特定的目标和标准，在汉语言文学教学行为和汉语言文学教学的主、客体从量的规定性上予以确定和描述，并在此基础上进行可靠、有效的价值判断，它是一项技术性很强的工作，能否科学地组织测量与评价，对最终的评价质量与结果的可靠性和有效性有着重要的影响。根据发展性目标评价模式，汉语言文学教学测量与评价的过程大体可分为方案准备、方案实施、编写报告和结论反馈四个环节，每个环节中包含若干项具体的工作。为了使汉语言文学教学测量与评价顺利、有效地进行，在正式的测量与评价前，教师应该做出细致周密的计划和部署。汉语教学测量与评价的准备阶段是完整的汉语教学总体计划的一个组成部分，其中有很多要素，需要教师悉心考量、周密安排。

一、汉语言文学教学测评的组织准备

汉语言文学教学测量与评价的规模和范围可大可小，如果范围和规模比较小，如汉语言文学教学教师对本班的学生进行的测评，基本可以不需要组织准备。但是，如果测评的范围和规模较大，那么组织准备就必不可少。"组织准备主要解决由谁来评的问题，包括建立专门的教育测评委员会、成立专门的测评领导小组、设置一定形式的测评机构、聘请有关专家和动员教职员工参加教育测评活动等项工作"①。组织工作可由测评对象所在部门的上一级机构承担。如果为了进行自我评价，也可在被测评单位内部建立评价小组。

二、汉语言文学教学测评的成员准备

如果是较大规模和范围的汉语言文学教学测量与评价，参与人员众多，在测评之前要

---

① 孔庆蓓. 汉语言教学测量与评估［M］. 北京：旅游教育出版社，2020：33.

对相关人员进行动员和培训，包括组织相关人员学习测评理论和有关文件，使其明确测评的目的、意义，从而使施测人员树立起高度的责任感和实事求是的科学态度。与此同时，要做好有关专家的遴选工作，包括评价理论专家、评价技术专家、学科专家、项目专家等。

三、汉语言文学教学测评的方案准备

在测评的整个准备阶段中，实质性和关键性的工作就是设计测评方案。测评方案是整个测评过程的计划和蓝图，是实施测评工作的基本工具，它是汉语言文学教学测量与评价的组织者根据汉语教学测量与评价的目的，遵循教学活动的客观规律，在测评实施前拟定的有关汉语言文学教学测量与评价的目的、内容、范围、方法、手段、程序和预期结果的纲领性文件。

（一）汉语言文学教学测评方案的特性

汉语言文学教学测量与评价的准备方案应具有以下特性：①以汉语教学测量与评价标准为核心；②以汉语教学测量与评价活动的组织者、测评者和被测评者等的接受程度为中心；③以测评程序的科学性、规范性和可操作性为根本。

（二）汉语言文学教学测评方案的主要内容

1. 测评目的

一个特定的测评工作所想达到的目的，影响着整个测评过程，因此，测评方案必须明确测评的目的。汉语言文学教学测量与评价是有目的的活动，测评者在施测前会预设所要达到的结果，这就是汉语言文学教学测量与评价的测评目的。不同目的的测评需要不同的测评标准和测评方法，测评活动的组织、内容也会有差别。因此，测评方案对汉语言文学教学测量与评价的目的必须有具体明了、准确无误的表述。

测评目的不同，选择的测评方法就不同，相应的收集信息的方式和所需的信息类型也就不同。例如，对于汉语言文学专业学生学业成绩的测评，一般采用绝对评价法，只要学生掌握了教学目标所要求的汉语知识和交际技能，就可以通过测评，认为达到了合格标准，施测题目不宜过难。但是如果是评优性测评或选拔性测评，一般采用相对测评法，试题难度应该相对偏大，以达到有效区分学习者的汉语能力和汉语水平的测评目的。

汉语言文学教学测量与评价会涉及多种不同的目的，如新生入学要根据其汉语言文学水平作出妥当的安排；教学过程中对具体的教学目标和计划进行调整或修订；对教学难点、重点内容进行诊断等。此外，"在教学评价过程中，应该以学生的学习效果为中心，注重教学效果的同时，还应该更加关注学生的学习效果，学习能力和个性的全面彰显"①。

2．测评标准

汉语言文学教学测量与评价的测评标准，就是指对一切汉语教学活动质量或数量要求的规定，具体包括指标体系、评定标准和测评标准的背景描述等，使评价活动的组织者、评价者和被评价者等能够准确理解和全面掌握评价标准，有利于对评价方案的实施。测评标准编制得科学、客观、有效，测评结果才能有较高的信度和效度，因此，它处于测评方案的核心位置。在编制测评标准时，要以充分调查为基础，严格论证，实验修正，最大限度地提高测评标准的质量。

3．测评对象

测评对象是指测评的客体，是测评的实践对象、认识对象，教师应明确对测评对象作全面测评，还是作某一方面的测评；是测评这些因素还是测评那些因素。在测评中，有着主次因素之分，而对于一次测评而言，应当抓住主要的方面进行测评。汉语言文学教学测量与评价在具体的教学活动中，测评对象主要包含以下方面：

（1）对教学对象的测评，即对学生的测评，这是汉语教学测量与评价的核心。对学生测评的内容较广，主要包括学力测评（各门汉语学科基础知识和基本技能的测评）、跨文化交际能力测评、智能测评（智力、能力的测评）、品德测评、个性发展水平测评等。

（2）对教学活动的测评，包括课堂教学测评、课外活动测评等。

（3）对教学活动内部诸要素的测评。首先，对汉语言文学教师的测评是测评对象的重要内容，具体包括对教师的教学思想、教学能力、教学方法、教学效果等方面的测评；其次，对学校行政管理人员的测评，主要的测评内容有人员素质、工作状况、绩效等；最后，对教学内容、教学手段等的测评，如对教学方面的教学计划、教学大纲、教材、教学参考书、辅助读物、视听教材等的测评。

（4）对教学集体的测评，测评的具体内容为学习者集体、教师集体、班集体、学校整体等的测评。

（5）对学校物质环境和社会环境条件的测评。学校的物质环境条件的测评主要是校地校舍、设备设施；社会环境条件是指学校周围地区的特点、居民职业状况、文化程度、经济收入、民族特点、风俗习惯等。

（6）对行政管理的测评，主要包括对领导班子、教师队伍建设、学校制度建设、教学

---

① 乔蕙. 互联网时代的汉语言文学教学重构：文化价值与评价 [J]. 商业文化，2022，(3) 133.

工作管理、思想教育工作管理、总务工作管理等的测评。

4. 测评组织实施

汉语言文学教学的测评组织包括测评活动的组织形式和组织方法，测评者的基本意志要求，测评过程中测评活动的组织者、测评者、被测评者等必须共同遵守的纪律规定等，这是测评工作顺利进行的保证。

5. 测评方法

测评方法主要包括测评信息的收集和处理方法，在测评过程中，对于相同的测评信息源，由于收集信息方法的不同，所得到的测评信息可能不一样；由于处理测评信息方法的不同，对于相同的信息，可能得出不同的结论。因此，应该事先明确测评信息的收集和处理方法，以确保测评结果的高信度和高效度。

6. 测评实施期限

汉语言文学教学测量与评价往往要作出价值判断，它的标准就是教学价值的具体体现，因此具有较强的时效性，即测评标准只是在一定时间内有效，这就要求教师在每一次教学测评活动开展之前，必须对现有的教学测评方案进行修改。同时，对现行教学测评应该规定有效期限，以保证测评活动的质量。此外，测评标准具有强烈的导向作用，为了作出正确而有效的导向，对于导向性较强的指标，要根据具体情况进行调整、修改或补充，这也有一个时效性的问题。

7. 测评报告的完成时间

测评报告就是在汉语言文学教学测量与评价工作完成以后，为了便于反馈、保存、检验测评信息和结论，而对测评过程、结论进行全面叙述并提出相关建议的报告。由于测评结果具有很强的时效性，测评报告不仅应该按时完成，而且完成时间应该有明确规定。

8. 测评结果的使用者

测评结果可以由不同的人出于不同的目的来使用。一线汉语言文学教师是测评结果的主要使用者，他们要利用这些信息来对教学过程中出现的问题作出判断，完善教学活动。另外，汉语言文学学生可以利用测评结果对汉语学习的自我评价进行自我监控，增强参与意识和自主学习的责任心。此外，教学管理人员、上级监管部门、项目委托者、用人单位等都有可能使用测评信息。事先明确测评报告的接受者、使用者，便于及时反馈，使测评报告接受的单位、部门或个人能及早作出决策和改进工作的计划，以保证和提高测评工作的效益。

9. 测评预算

在实施测评方案的过程中，需要一定的资金，这是保证方案实施的物质条件，要通过预算来保证。

第二节　汉语言文学教学的测评实施

汉语言文学教学测量与评价的实施，就是实际进行测评活动的阶段，是教育评价理论、目标、方案转化为教学测评实践活动的关键性环节，也是教学测评组织管理工作的重点。实施阶段的任务主要包括宣传动员，运用各种现代教学测评的方法、技术和手段，通过多种渠道与形式，系统地、全面地、准确地收集信息，作出价值判断。明确测评实施的步骤和要求，是评价工作顺利开展的基本保证。汉语言文学教学测评实施的步骤主要包含以下方面：

一、汉语言文学教学测评的宣传动员

汉语言文学教学测评的宣传动员主要向测评组织者、测评者和测评对象等相关人员说明测评目的、意义和测评标准等，以便使测评误差减小到最小范围，最大限度地提高测评工作效益。

二、汉语言文学教学的预测评

为了使教学测评妥善可靠，在正式测评之前，对测评方案一般先选择好试点单位，进行试评，以便取得经验，提高正式测评的质量。试评可以由汉语言文学教学测评组织者实行，也可将测评对象的自我测评作为试评，但通常把组织正式测评前测评对象的自我测评叫作预测评。试测评主要目的是为修订完善测评方案或为正式测评积累经验、收集信息，而预测评则更利于调动被测评者的积极性、主动性。

三、汉语言文学教学的正式测评

汉语言文学教学的正式测评这是实施阶段的一个重要步骤，做好这一步工作的关键在于被测评者的密切配合要求，不仅应做到实事求是地全面提供各种材料，而且还要为测评者提供有利的工作条件。同时，测评教师要注意加强监督、检查，防止和杜绝各种弄虚作假和不良行为的发生。

（一） 收集汉语言文学教学测评信息

收集汉语言文学教学测量与评价信息是测评活动的基础性工作。测评信息是进行测评的客观依据，是得出科学结论的必要条件。测评信息搜集得越多、越全面、越充分，就越能使测评结果准确合理，越具有客观性、科学性。因此，收集测评信息应注意保证测评信息的全面性和准确性。测评信息的收集一般分组进行，把从不同途径获取的信息进行归纳、汇总。收集测评信息的方法有多种，大致可以分为测试法和非测试法。测试法是指用测试的方式来收集测评信息的方法；非测试法包括查阅文献法、观察法、问卷法、访谈法、调查法、网络法等。

在汉语言文学教学测量与评价工作中，教师通常会使用两种信息：①定性信息，主要是用语言描述的方式而非数字的方式来提供信息，这样的语言必须直接、具体、形象地说明现象，如"小明目前在语法习得方面出现了化石化现象""小丽的发音受母语的影响"等，定性信息的收集方法和信息来源灵活多样，比单一的定量信息更生动，而且在信息数量上也更具优势；②定量信息，主要是以数字的方式来提供信息，数字必须简洁清晰地说明现象，如"本科二年级三班的小华平均每分钟的阅读速度是 100～160 个汉字"。在实际工作中，教师所遇到的大量汉语言文学教学测评信息既可能是定性或定量二者分明的，也可能是介于定性和定量之间没有明显区别的。一般而言，汉语言文学教师用非测试法收集的定性信息明白易懂，用测试法收集的定量信息，多表现为大量的数据或图表，需要进行专业的解释

（二） 整理汉语言文学教学测评信息

整理汉语言文学教学测评信息，主要是指对测评信息的全面性、准确性、适应性以及收集信息方法的可靠性反复加以核实，将收集到的全部测评信息进行检查、分类和保存，以便于使用。信息整理方法有：①归类，将收集到的信息资料汇集、归拢，初步进行分类；②审核，将归类的测评信息逐一核实，进行去伪存真、去粗取精的鉴别和筛选。对缺少的信息，要及时补充；③建档，将审核后的测评信息，根据测评指标体系，分门别类地制成电子文档或表格，进行编号建档，为测评做好准备。

（三） 处理汉语言文学教学测评信息

处理汉语言文学教学测评信息是测评实施阶段的核心工作，上述的信息收集、整理工作都是为处理测评信息服务的。处理测评信息，就是运用定性和定量的方法处理测评信

息，将测评对象在各项测评指标中呈现出来的特征运用数学或其他方法处理成为测评结果，具体步骤包括：①明确掌握评定标准和具体要求；②测评者对被测评者或被测评单位的实际表现给予相应分数、等级或定性描述；③测评小组对各测评者的测量或观察结果进行认定、复核，并对其实际操作情况、评判的态度和表现、评定标准把握的宽严程度等进行集体小结和评议，填写测评表格；④测评领导小组对各测评小组的测评工作逐一进行审核；⑤数据处理小组使用规定的计量或其他方法，处理测评信息并将处理结果报告测评领导小组，同时反馈到各测评小组。

（四）分析测评信息，作出综合评价

分析测评信息并作出综合评价是运用教育学、统计学、模糊数学等相关的理论和方法，将分项评定的结果汇总成综合评价结果，是实施阶段的最后一项工作。汉语言文学教学测评的组织者应根据汇总的测评结果，对测评对象做出准确、客观、定量或定性的评价结论，形成评价意见，根据测评目的的要求，对测评对象做出优良程度的区分，或做出是否达标的结论。

第三节　汉语言文学教学的测评报告

汉语言文学教学测评信息处理完成之后，必须尽快编写测评报告，这是测评工作自身的规律所决定的。

一、汉语言文学教学测评报告的意义

第一，能使汉语言文学教师尽早发现测评工作中存在的问题。在编写汉语教学测评报告时，教师要对整个测评工作进行回顾，即对测评方案的设计、测评方案的实施和测评结果的处理、解释等进行全面分析。如果测评过程中存在问题，测评报告的编写能使教师尽早发现，及时纠正。

第二，为以后的测评工作提供宝贵的资料。汉语言文学教学测评报告完成之后，一方面能向有关部门反馈；另一方面能作为资料保存。测评报告资料可以为以后的测评工作提供有效的经验和借鉴，扬长避短，能使以后的测评工作进行得更为规范、科学。

第三，为实践检验测评标准和测评结果作保证。实践是最高的测评标准，一切测评标准和测评结果都要经过实践的检验，只有那些被实践证实是科学和可行的测评标准，才能

被采用。在最初的测评工作中，测评标准尚未经过实践检验，这需要靠测评报告，把信息保存起来，接受实践的检验。此外，教学测评结果也需要通过实践检验，把每次测评结果保存下来，接受实践检验，探索规律，提高测评结果的可靠性和有效性。

常四，便于及时、有效地反馈。汉语言文学教学测评报告完成以后，按照测评方案的规定，把测评报告传递给接受单位、部门或个人，使他们能按照测评报告中提供的信息，及时而有效地作出决策和制订改进工作的计划等，努力提高测评工作的效益，促进汉语言文学教学工作的发展。

二、汉语言文学教学测评报告的主要内容

第一，汉语言文学教学测评报告封面。为了提高测评报告信息的传递效率，封面应包括：①测评方案的名称；②测评目的；③测评的组织者或测评者的姓名或名称④测评报告接受单位、部门或个人的名称或姓名；⑤测评方案实施和完成的时间；⑥呈送报告的日期；⑦建议作出决策或制订改进工作计划的期限。

第二，汉语言文学教学测评报告的正文。首先，测评方案实施过程的描述，主要包括：①叙述测评过程，即收集测评信息和处理测评信息的过程；②分析在实施测评方案过程中存在的问题，处理测评信息过程中遇到哪些困难，特别是要说明测评的组织者或测评者是否有违反纪律的情况。其次，结果与结果分析。介绍各种收集到的、与测评有关的信息，包括原始数据和记录的事件、证据等，以及处理这些信息所得到的结果，并且对该结果进行必要的分析。最后，结论与建议。对处理测评信息所得到的结果进行推断，得出结论，并且提出相关建议。

第三，汉语言文学教学测评报告附件。附件包括与汉语教学测评活动密切相关但不必收入测评报告正文的内容，如测评活动所使用的调查问卷、测评表、观察清单等。

三、汉语言文学成绩测评的分数报告

汉语言文学教学测量与评价的测评内容范围十分广泛，而对于一线汉语教师而言，最常见、最常用的却是汉语言文学成绩测试。汉语言文学成绩测试通常在学期中或学期末举行，其结果是以数字形式向有关对象反馈。汉语言文学成绩测试的分数报告是对测试分数进行综合报告的一种测试结果反馈形式，是针对不同的对象（学习者、教学者、管理者、委托者、选拔者等）来报告汉语成绩测试的分数并解释分数蕴含信息的一份报告文件。汉语言文学成绩测试分数报告可以呈现学生汉语言文学测试各科成绩分数，并对学生知识结构、能力结构和认知结构进行综合性评价。作为质性描述和量化反馈的结合体，能够克服

分数、课堂问答、家长联络等多种分数反馈形式的缺点，对测试分数与测试目的、性质、成绩水平及诊断性评价等进行整体反馈，既集合了终结性反馈和补充性反馈的优势，也综合应用了量化分数和质性反馈的手段。

（一）汉语言文学成绩测评的作用

第一，对于参加汉语言文学测试的学生而言，他们希望通过成绩单报告提供的信息来了解、鉴定自己的汉语言文学水平和学习成果，因此，通过学生个人的分数报告可以了解到学生每门汉语课程的分数、总分，以及该学生在年级、学校、区域的排名或所处位置；学生的汉语言文学知识水平、认知水平、汉语交际能力水平；学生在每个内容领域的汉语言文学成绩及排名位置情况。教师可以根据汉语言文学成绩测评的分数报告肯定学生优点，指出不足，进而为其提供改进建议。

第二，对于一线汉语言文学教师而言，他们希望借助成绩报告单提供的信息来了解教学目标的实现情况、教学内容的掌握情况、学生在汉语言文学要素和汉语言文学技能诸方面的表现状况等。通过分数报告，教师可以掌握学生整体的平均成绩、知识和能力水平，统计、分析不同分数段的学生人数，通过对频次分布的分析，从中获得教学改进的反馈性建议。

第三，对于其他人员，如教学管理者、项目委托者、选拔者，一份详尽的汉语言文学测评分数报告，可以提供丰富、有效、真实的信息，为他们的决策提供依据。

（二）汉语言文学成绩测评的描述报告

按照报告对象、报告目的的不同，分数报告可以分为不同的类型，不同类型分数报告的内容、方法和形式也有所差别。例如，根据报告对象的不同，可以分为个人报告、学校报告、区域报告；根据报告的目的的不同，可以分为学习者个人测评报告、班级测评报告、分数频次测评报告、成绩水平频次报告、目标总结评价报告等。但无论何种报告，其基本目的都是让报告使用者了解被测评者在测评科目上的表现，包括知识、能力和认知水平等，同时提供相关的诊断分析，以及报告教师、学校或更高层次单位的绩效。

目前，汉语言文学分数报告主要采用诊断性描述。诊断性描述是考生在获取分数的同时所获得的分析性反馈，这种反馈用语言描述来说明考生在目的语各要素部分或各技能方面的情况。分数报告，可以提供诊断信息、报告学习者的认知结构或知识状态，即学生掌握了哪些知识点，哪些知识点未掌握而需要补救，学生在汉语能力上有哪些倾向和特征等。在诊断结果报告的基础上，应针对不同学生对认知属性的掌握情况提出有针对性的补救措施。学生根据诊断结果，可以有针对性地开展学习，调整学习策略和学习重心。汉语言文学教师也可以根据学生的诊断结果，找到教学中存在的不足之处，同时能为开展因材施教提供依据。对于上级教育管理部门或更为宏观的教育机构，可以根据汉语言文学学生的诊断报告，了解当前汉语言文学教学状况，为制订汉语言文学教学规划及汉语言文学推广决策提供依据。

（三）汉语言文学成绩测评报告的准则

汉语言文学教师在进行分数报告设计时需要注意的内容包括：①分数报告往往过于强调分数，容易忽视测试目的及如何使用测试结果等信息；②未提供测试信度及测试分数的测量误差；③过多使用专业统计术语，报告内容专业性过强，不易理解；④报告缺少阅读指南，未提供专业术语的必要解释；⑤报告空间狭小却堆积了大量杂乱信息，难以阅读。设计一份科学合理的分数报告，不能只简单罗列考查主题、模块、分数及其所反映的学生认知水平、能力水平等信息，还应考虑到报告呈现形式、报告本身的诊断性反馈评价，还要做好报告的相关解释，既涉及教育学、统计学、心理学、信息技术，也涉及传播学、美学等内容。

汉语言文学教师在设计分数报告应遵循的准则主要包括：①明确报告目的和报告对象及编写使用指南；②减少使用专业术语，对不同受众采用不同报告方法；③分数报告应简单明了，易于阅读；④报告能在视觉上吸引读者，强调美观大方，灵活运用色块、图形等强调重点；⑤提供分数报告的解释性指南；⑥尽量多使用图形、图表，有计划地控制呈现的信息量；⑦针对不同受众提供个性化的成绩单；⑧适当提供样题的解释性分析；⑨提供一些教师教学改进意见或家长帮助学习者提高成绩的有效方法；⑩报告空间组织、字体和大小等排版均要适宜。

（四）汉语言文学成绩测评报告的设计

对于汉语言文学教学成绩测评而言，最适宜使用诊断性描述的分数报告。从不同的角度出发，汉语言文学成绩测试的诊断性分数报告可以分为不同的类型，基于实际需要，教师可以从语言技能角度出发，分为听、说、读、写四项单项技能；从语言交际能力角度出发，可以分为语言能力、语篇能力、语用能力；从语言要素角度出发，分为语音、语法、词汇三种成分。不同的分类系统服务于不同性质、不同目标的课程成绩测试，在实际运用中，还可以根据具体课程的教学目标、测试目的、测试题型、预期分值等进行综合描述。教师可以用群体趋势曲线图或直方图来直观反映全班总体趋势、最高分、最低分、标准差、平均分、相关系数等。同与此时，需要采用篇幅较长的报告书形式，向教师及相关部门详细报告测试所用试卷的题目分析结果，包括题目的难度、信度、效度以及区分度等。

第四节 汉语言文学教学的测评决策反馈

汉语言文学教学测评决策反馈是指把测评结果返回给测评对象和有关部门，通过他们的反应和行动，来引导、激励测评对象不断改进、完善自己，同时为有关部门提供决策依据。除了判断学生汉语言文学学业成绩外，汉语言文学教学测量与评价最重要的目的就是提供决策、改进教学。在掌握了丰富可靠的信息的基础上，汉语言文学教师可以制订、修订合理有效的教学或学习方案，有关部门可以获得汉语言教学满足社会需要程度的信息，并用反馈信息去改善和调节，从宏观上更科学地管理汉语言文学的教学事业。测评决策反馈的方式有多种，如个别交谈、汇报会、座谈会、书面报告等。测评者可从实际出发，根据不同情况采用适当的方式。

第一，汉语言文学教学测评决策反馈的形式主要包括：①向汉语言文学教学管理者、领导者或决策者反馈，为决策提供信息；②反馈给被测评单位、部门或个人（汉语言文学教师或学生），使他们自觉改进"教"或"学"；③公布于众，可以让教师之间互相借鉴，也可以通过造成公众舆论，促使被测评单位（部门）或个人改进工作。在反馈测评结论时，要注意方法灵活多样，以避免被测评者感到挫折，产生焦虑，引起心理冲突。

第二，汉语言文学教学测评工作的再评价。测评工作的再评价，就是在测评工作完成以后，为了检查测评方案的准备、实施过程和测评结果以及检验根据测评结果作出的决策和改进工作的效果，借以及时纠正测评工作的不足或为今后的测评工作提供经验教训，而对测评工作进行的评价。再评价并不是第二次进行重新评价，而是意在考查测评的真实效果，对测评活动的科学性、有效性和现实性进行有系统地判断，并探索和完善测评活动的方法策略，使测评功能更加充分地发挥。再评价的内容包括：①反馈前的评价；一是反馈后的评价，其目的主要是检验测评的质量，为及时纠正误评或为后次测评活动提供有效信息服务。

反馈前一般要对测评工作进行再评价，即对测评工作的评价，以及时纠正测评工作的不足，提高测评工作质量。反馈前再评价的主要内容包括：①测评目的和测评对象是否明确；②制订的测评标准是否科学、合理，在实施过程中存在哪些问题；③获取测评信息的步骤、方法是否得当；④测评方案组织、实施、安排是否科学和规范；⑤收集到的测评信息是否真实、完整；⑥处理测评信息的步骤和方法是否科学；⑦测评信息是总体信息还是样本信息，抽样方法是否科学；⑧完成测评报告的时间和测评报告的接受者是否明确；⑨测评方案实施期限是否明确；⑩测评结果的可靠性如何，测评结果的有效性如何。

反馈后一般也要进行再评价，检验测评工作的效益，为今后的测评工作提供经验教训。反馈后再评价的主要内容包括：①被测评者或被测评单位对测评报告的接受程度；②决策者对测评报告的意见；③测评结论对工作的促进程度。

汉语言文学教学测评工作再评价的标准应根据具体情况来定，通常包括：①测评结果是否达到预期目的；②测评结果是否客观、准确和有效；③测评结果的可接受性；④测评工作本身的效益。

第六章 汉语言文学教学策略的优化实践

第一节 基于慕课的汉语言文学教学

现代信息技术以及网络技术的迅速发展和广泛应用促进了社会各方面的发展，其对现代教育的影响，无论是从教学理念、教学内容还是教学方式上，都产生了较大的变化。慕课作为在线教育中最热门的教育模式，以其大规模和开放性的特点满足了人们自身发展的个性化需求。随着慕课的影响范围越来越广泛，众多的教育学家开始重视对慕课教学的研究。大规模开放性的在线教育给传统汉语言文学专业教学带来了较大的影响，慕课作为一种线上教学模式，既颠覆了传统的教学模式，又在一定意义上促进了汉语言文学专业教学的现代教育转型发展。

一、基于慕课的汉语言文学教学必要性

（一）慕课教学的主要特点

第一，高度的互动性。交互式教学是慕课与传统网络课程最主要的区别之一，整个教学过程融入了师生互动、生生互动，使得教学更具有针对性。

第二，受众的广泛性。慕课网络平台的开放性和规模化的特点能够迎合广大网络用户生活和学习的个性化发展需求，没有人数的限制，同样也没有条件的限制。

第三，学习的便捷性。学习的便捷性主要体现在慕课网络平台的平台特性，能够不受时间和空间的限制，随时随地进行教学和学习，同时，便捷性还体现在学习理念的变化，学习者成为整个教学活动的主体，教师只发挥引导与辅导的作用。第四，慕课的免费性。开放教育资源，实现终身教育是慕课的目标和宗旨。通过各个大学联合开设的网络学习平台，面向所有人免费提供优质的教育课程。

（二）慕课对汉语言文学教学的影响

慕课对传统教学模式的影响既具有颠覆性，同时也为传统教学模式的发展带来了新的

动力。因此，慕课与传统教学的关系本身是一种竞争融合的关系，并且融合大于竞争本身。而且，慕课的发展离不开拥有完善教学体系的传统教学的支持，其产生以及发展的历程都能够证实这一点。根据慕课与传统教学模式关系的阐述，就慕课对汉语言文学教学的影响而言，主要包括以下方面：

第一，慕课是对传统教学的颠覆。首先，慕课突破了时间和空间的限制，把汉语言文学的教学资源通过网络学习平台呈现给所有人；其次，对传统教学模式的颠覆，学习者通过自己的需要选择课程，而不是统一制订学习内容，进行统一的教学，学习者成为教学的主体，拥有选择学习内容的权利；最后，慕课教学模式能够实现个性化发展需要，使得教育因材施教得到更充分的发挥，改变了传统汉语言文学专业教师资源缺乏而不能够充分重视个体发展需要的现状。

第二，慕课这种学习方式更能够提高学生的学习能动性和学习效率，这也是目前我国汉语言文学专业教学课程内容设置所不能比拟的，新旧教学模式的相互借鉴才能够更好地实现当前我国汉语言文学的发展。

（三）慕课对汉语言文学教学的作用

慕课通过对全世界教育资源进行整合，把优质的教育资源通过开放式网络学习平台免费提供给社会所有人，既推动了教育资源的优化配置，也促进了全球知识共享的发展。对我国汉语言文学教育而言，要结合我国教育资源建设的实际情况，迎合教育发展的趋势，在高等教育改革纲要的指导下，深化我国汉语言文学教学的教学模式改革，特别是网络平台开放式的汉语言文学教育资源的利用方面，具体作用包含以下方面：

第一，推进教学理念的改革。改变过去传统的以教师为中心的教学理念，尊重学生的个性化学习选择，把以学生为主体的教学理念贯彻到课程选择、课堂教学、教学评估等各个教学环节中去。

第二，加强高校间汉语言文学教育等相关领域的合作。慕课的快速发展是教育发展的必然选择，是知识共享式教育发展的主题。各高校要牢牢把握住这个现代教育发展的趋势，深化在汉语言文学专业教育领域的合作，通过高校间的优势互补，采用强强联合的方式打造优质的汉语言文学教育资源。与此同时，高校间还要加强汉语言教学经验的交流，尤其是网络在线教学的交流，并鼓励教师进行网络在线教学的积极探索，从形式到内容全方位的打造汉语言文学教育优质资源。

第三，重视网络在线教育资源的利用。国家精品课程以及网络公开课等丰富的网络在线教育资源的开发与利用，把网络在线教育资源作为学生自我学习和教学课程开展的重要基地进行建设，探索开发我国汉语言文学专业慕课教学模式。

二、基于慕课的汉语言文学教学实践

第一，教学课程设计理念。慕课教学课程以小专题为模块，通过配备讲义以及小视频的形式进行授课。在作业设置上主要集中在重点知识点的测试反馈，作业反馈方式把同伴互评与自动批改相结合，通过论坛、学习小组进行课堂讨论。专题短小精悍的特性能够让学习者快速抓住重点，通过视频的讲解和测试反馈提高学生对知识点的理解程度。频繁的交流互动能够让学习者紧跟课程节奏，提高学习者学习的热情和自我学习的主动能力。因此，在慕课教学过程中，教师要把知识点进行浓缩并使之专题化，通过小单元的方式进行慕课视频的讲解和作业的布置，并通过网络社交软件广泛进行学习上的师生互动、生生互动，这样才能保证学习的质量。

第二，利用大数据进行分析。分析是教学活动中非常重要的组成部分，它能够在促进学生学习反馈、深化教师教学研究等方面起到极为重要的作用。教师通过对汉语言文学专业学生的数据调查分析，总结汉语言文学专业学生的兴趣点，爱好集中在哪些方面等。同时，针对学生能力状况以及整体学习状况的分析总结，在国家高等教育改革纲要的指导下，教师要重新进行汉语言文学教学内容的编排，将实际生活融入汉语言文学的教学内容中，通过层次性的课程设置，对汉语言文学学生进行差别化教学。教师要注意对学生的学习效果进行必要的分析，通过大数据分析的结果，及时调整课程内容，只有这样才能够保证整个慕课汉语言文学教学的有效性。

第三，重视交互式教学方式的运用。在一定意义上，慕课模式无不体现交互和分享的学习特点，交互式教学方式能够通过师生之间、学生之间的学习交流，促进学生的学习热情以及加深对知识点的理解。同时，交互式教学本身就体现了对学生主体地位的肯定和对个性化选择的尊重。在慕课汉语言文学的教学活动中，教师可以通过整理风格各异的优质教学资源，通过课程的优化设计，多方位的引导学生自主选择教学资源内容，通过加强师生之间的互动辅导学生难点、重点的学习，这样既有针对性，能够提高课堂效率，又能够节省开发时间与精力。引导、互动、交流以及共享，应作为汉语言文学教学慕课探索的重点，只有这样才能够升华现代教育理念认识、丰富现代教学经验、实现现代教学探索。

总而言之，慕课作为信息化时代的必然产物符合人们日益多样的生活需求，它的出现和快速发展必然会使传统汉语言文学专业教学模式面临挑战，而且这种挑战是具有颠覆性的。慕课作为新型教育模式意味着它同样也是传统汉语言文学专业教学发展的机遇。在我国高等教育改革的大背景下，教师要保持清醒的头脑，理性分析慕课模式的优势，从长远发展角度，不断汲取慕课的先进教学成果，适时地把慕课模式引入汉语言文学专业，改变传统汉语言文学教学思路，通过优势互补，实现高校汉语言文学教学的长远发展。

第二节　基于微课的汉语言文学教学

当前，随着现代应用技术的发展，微课成为一种新型教育教学模式。微课是在科技时代发展潮流下应运而生的一种教学方式，它的运用效果正符合新课标及教学实践的要求，在未来的教育领域有非常广阔的运用前景。本节将从微课的概念、运用的优势以及实际运用中遇到的问题如何解决等方面展开研究。微课是一种以录制视频为载体，传授教学内容的教学模式，其核心内容是课堂教学视频，主要包括教学设计、素材整理、学习反馈、教师总结等。微课除了可以作为学生学习的资源，也可以作为教师教学训练和反思总结的资源。微课是学生自主学习的优良载体，更是传统课堂教学的一种补充和拓展。因此，在汉语言文学教学中，微课可以让教师逐渐明确自己的教学质量定位，并进行课后反思，然后将教学方式加以改进，从而使课堂更加高效，更好地实现教学目标。

一、基于微课的汉语言文学教学必要性

微课，即微型课程，一般指在十分钟之内的视频课程，它是按照新课程标准而产生的一种新型教学模式，这种教学模式的主要特点是以视频简短、内容片段化为主。微课的主体很明显是以学生为中心，所以需要学生自主选择微课视频进行观看和学习。微课并非单向地灌输和传授，而是可以培养学生的思维能力。简短的视频时长也是微课能在学生中选择率较高的主要原因。将内容缩短在一个仅为几分钟的课时内，不仅知识点讲得精练，而且可以让学生提起学习兴趣。所以，在新课标要求下设计的微课，实际上也反向提高了学生的自我学习能力。

（一）微课的运用优势

1. 迎合学生学习情况

从大学学科的专业性而言，微课的特点能在教学过程中起到非常大的作用。对刚进入大学的学生而言，专业性强的课程，可能是他们刚开始步入专业学习的障碍。而微课能够把教师在课堂上所要突出的重点、难点和疑点进行记录，并注重反映课堂的某一个教学环节，学生在利用其学习时，能够自己抓住这些重点，从而更好、更快地跟上教师的教学进度。

2. 将抽象的问题具象化

微课利用人在最开始十分钟注意力最为集中的这一特点，将每节课主要内容的讲解控制在十分钟之内，以此达到提高学习效率的目的。将知识点细分，可以通过各种形式进行讲解。以动画形式设计微课的方式更能激发学生的学习兴趣，也能时刻吸引学生的注意力。

汉语言文学作为一门人文学科，有时内容比较抽象，如一些意境的描写需要依靠学生自己的想象力来体会。学生要想准确地掌握、理解作者当时创作的情感和思想并不是很容易，要求学生理解能力强，想象力丰富。因此，教师如何在短时间内向学生展示汉语言文学的魅力以及自己所要表达的内容是汉语言文学专业教学的难点，这也是广大师生面临的需要解决的问题。微课可以很好地解决这一难题，它可以把抽象的问题利用视频、画面展现出来，使学生理解起来变得容易，有利于学生从感官角度去理解所学内容，从而提高学生的学习效率。

3. 符合汉语言文学专业要求

本科阶段的汉语言文学专业在一定程度上偏向于对职业教师的培养，尤其是在一些师范类的汉语言文学专业中，学校重视培养语文教师。而微课本身作为一种教学模式，如果汉语言文学专业教师在课堂上利用微课展示给学生，同样能够作为一种教学资源。学生既可以以微课中的教学内容为学习资源，也可以用微课这种模式对有关教学方面的内容进行研究。除此之外，学生在实习或是在参加教师资格证面试考试的时候，可以将微课作为自我学习进步和锻炼教师专业素养的途径。

微课教学在汉语言文学专业中的应用应注重培养学生学习汉语言的兴趣和积极性，为学生以后的自主学习提供良好的基础。与此同时，教师在微课教学中要注重创新，注重培养学生的文学素养，突出学生这一主体，运用自己的丰富教学经验来引导学生对文学的感知能力，利用现有的多媒体以及发达的网络营造出轻松愉悦的教学氛围。教师做的这些都有利于学生对该专业的热爱和学习。此外，微课还可以拓展学生乃至教师专业课以外的知识内容，帮助学生拓展自己的知识面，符合现代发展要求，符合现代教学目标，符合汉语言专业教学的特征。因此，微课教学对完成汉语言文学专业教学任务有积极意义。

（二）微课的实施意义

1. 提升学生学习的主动性和自主性

教师制作微课视频的过程，也是一个自主学习的过程，需要有视频设计、构思等，这些能促进学生自我学习。与此同时，微课视频能满足学生对不同学习内容、知识点的个性化学习要求，既有共性又有个性。每个学生在学习期间可以按自己所需有选择性地学习，在学习的时候既可以查缺补漏，又能强化巩固已学知识点。此外，微课作为一种新型的教学模式，是学生课堂学习外的一种延伸，以一种全新的方式激发了学生的学习热情，微课教学打破了以往传统教师站在讲台上的授课方式，而使教师真正成为身边的导师、领路人。

2. 培养教师专业化教学水平

汉语言文学相对而言有一定的高度和深度，在实际的教学过程中，要求教师注重教学方式方法。教师在教学中可以从文学内容的选取和设计上考虑如何优化微课课程。教师可以从文学作品的写作背景、时代背景着手，再根据文学作品主题、主线、主要内容依次展开，从而达到课件内容丰富有趣、通俗易懂，降低学生的学习难度，更大程度地激发学生的学习兴趣。教师制作微课视频时，一般会选取设计课题、课件主题等，这就要求教师明确自己的教学目标以及教学内容，或有针对性的某个重点、难点等，使整个教学过程更加灵活有趣，这对教师也是一次学习和提高的过程，可以加深对该知识点的进一步理解。

此外，微课制作可以开阔教师的视野。要想制作优良的视频，教师必须掌握足够的知识点，必须翻阅大量的资料，所以说这是一个拓展教师知识面的过程，同时这也是对教师专业化水平提升的过程。微课的制作需要掌握现代化的技术，如计算机操作和应用技术、录制以及各种软件的运用等，这就要求教师与时俱进，努力学习新知识、新技能，随着社会的发展完善自己的知识体系。所以，对教师而言，知识面拓宽了，应用技术掌握得更全面，才能够更加自如地在教学中展现出自己的水平。通过微课教学，教师在教学中丰富了自己的教学经验，提升了自己的研究能力和专业化教学水平，能够促进教师的自身成长，这是一个良性循环、循序渐进的过程。

3. 微课视频资料方便易存

相对于纸质资料，微课视频资料占地小、易保存。优秀的、有保存价值的视频资料可以永久保存，随时供人们查阅和修正。学生或者教师只要将微课视频资料下载到手机或电脑上，就可以随时随地进行反复学习。对缺乏名师指导或者交流不便、信息落后的学生而言，微课不仅是一个个优质的资源，更是一种好的学习方法，对开展教育教学研究有较大的益处。

4. 符合时代发展的要求

在汉语言文学专业实施微课教学，符合当今社会时代发展潮流，这也是当今社会新型应用技术下应运而生的产物。网络的发展为微课在教学中的运用奠定了技术基础和支持，让微课的传播和使用更加方便和广泛，是对传统教学模式不足的有力增补和改革。微课为广大学生学习降低了门槛，有利于推进教育教学的发展。

总而言之，微课也在不断的发展当中，教师和学生都是推动它的力量，它不仅在玩转课堂，也在创新课堂，能让教学质量得到进一步的提升。教师用心制作微课，那么微课的应用价值也将在教学质量上明显体现出来。将微课应用于汉语言文学教学当中，也将是提升该专业教学质量的良好策略。

二、基于微课的汉语言文学教学实践

第一，设计精炼的课程内容。基于微课的汉语言文学教学需要更加注重内容的精炼和结构的合理性。教师应当精选和整理教学素材，将其合理组织起来，使其符合学生的学习需求和层次。

第二，引入多媒体手段。微课的特点之一是多媒体形式的应用。教师可以运用图像、视频、音频等多种形式，用丰富的语言和直观的表达方式，帮助学生更好地理解和消化汉语言文学的知识。

第三，促进学生互动和合作。教师可以借助在线讨论、互动评价平台等工具，引导学生进行讨论、交流和评价。通过这些互动和合作，学生可以分享彼此的学习经验和心得，促进思维和理解的交流。

第四，提供个性化学习支持。教师可以根据学生的基础知识、兴趣爱好和学习目标，设计不同难度和类型的微课。同时，可以提供配套的学习资源和辅助材料，供学生进一步学习和拓展。

第五，设计适当的评估方式。教师应当设计适用于基于微课的汉语言文学教学的评估方式。除了传统的书面考试外，可以采用在线测验、作业提交、参与度评价等方式来评估学生的学习成果和表现。与此同时，教师还可以提供个性化的反馈和指导，帮助学生进行自我评估和自我调整。

第三节　基于翻转课堂的汉语言文学教学

一、基于翻转课堂的汉语言文学教学必要性

翻转课堂是一种创新的教学模式，该模式通常与信息技术密切结合，通过颠覆传统的

教学方式，改变学生的学习角色，实现学生的自主学习和深度思考。在汉语言文学教学领域，翻转课堂模式被广泛应用，为学生开拓思维空间，提高学习效果。翻转课堂的核心思想是改变课堂教学的时间和空间安排。传统的教学模式中，教师通常在课堂上讲授知识，学生在课后去消化理解。而在翻转课堂中，学生在课前自主学习相关的知识和概念，通过阅读、观看教学视频等方式获取基础知识。课堂时间则用来进行讨论、互动和实践活动，以促使学生深入思考和应用知识，学生在课堂上更多地扮演主动学习和思考的角色，而教师则变成了学习的指导者和引导者。

（一）翻转课堂的优势

在汉语言文学教学中，翻转课堂模式具有以下优势：

第一，翻转课堂能够推动学生主动思考和独立学习能力的发展。传统的教学模式下，教师通常起主导作用，而学生则被动接受知识。而在翻转课堂中，学生需要在课前主动研读教材，进行预习，形成初步的理解和问题。在课堂上，学生通过讨论、互动和实践，更加深入地理解和运用知识，发展自己的思考和解决问题的能力。

第二，翻转课堂还能够提高汉语言文学教学的效果和质量。通过翻转课堂，学生可以在课前通过自主学习进行知识吸收，在课堂上则进行深入的思考和讨论，更好地理解和应用知识，这样的教学方式可以更好地激发学生的学习动力，提高学习效果。同时，翻转课堂也给教师提供了更多的时间和空间来关注学生的学习情况，进行个性化指导和帮助，实现了教学的精细化和个性化。

第三，翻转课堂可以提高学生的学习兴趣和参与度。传统的课堂教学往往会存在学生被动听课、缺乏主动性的问题。而通过翻转课堂，学生可以在课前通过各种方式主动学习，提前接触和思考相关知识，从而增加了对课堂的兴趣和参与度。在课堂上，学生可以与教师和同学进行互动和讨论，积极思考和交流，进一步激发学习的热情。

（二）翻转课堂的运用原则

在实施汉语言文学教学翻转课堂时，需要注意以下方面：

第一，要科学设计学习任务和资源。在课前，教师需要精心选择和准备相关的学习材料和资源，确保学生能够获得具有启发性和有针对性的学习任务，这些学习资源可以包括文学作品、阅读材料、多媒体资源、互动演示等，可以通过课堂讲解、小组讨论、个人作业等形式呈现给学生。

第二，要合理安排学习时间和空间。在翻转课堂中，学生在课前通过学习资源进行自主学习，课堂时间则用来深入讨论和解答问题。因此，教师需要合理规划学习任务的时间，确保学生有足够的时间进行预习和准备。

第三，教师应积极鼓励学生的参与和合作。翻转课堂注重学生的主动学习和合作学习，教师可以组织学生进行小组讨论、互助学习等活动，促进学生之间的交流与合作。

第四，教师应提供适当的学习指导和支持。在学生进行自主学习的过程中，他们可能会遇到问题或困惑。教师需要及时回答学生的疑问，提供必要的指导和支持，确保学生能够正确理解和掌握知识。

第五，要及时评估学生的学习效果。教师应该设计相应的评估方式，对学生的学习成果进行评估和反馈，这可以通过课堂讨论、作业、小测验等形式进行。

总而言之，实施汉语言文学教学翻转课堂时，需要注意科学设计学习任务和资源、合理安排学习时间和空间、提供适当的学习指导和支持、鼓励学生的参与和合作，以及及时评估学生的学习效果，这些措施可以更好地促进学生的学习和提高教学效果。

二、基于翻转课堂的汉语言文学教学实践

（一）迁移基础学习内容，提高课堂教学针对性

作为一门最基础的核心学科，汉语是每个中国人自幼便开始学习且终身使用的语言，与之紧密相关的汉语言文学更是一项长期的系统性工程，需要充分时间积淀才能实现从量变到质变的飞跃。因此，仅仅是课堂上短短数十分钟的教学于汉语言文学的系统性而言只能是杯水车薪，因此新时期汉语言文学教学构建翻转课堂的首要策略，就是利用翻转课堂迁移基础学习内容，提升课堂教学针对性。

换言之，教材、课本上基础性、学识性的概念与内容都可以迁移到课外，利用线上平台制作成主题课件，由学生自行在课余时间自学。比如对新课内容进行预习，事先通读并结合教师的视频课件形成初步印象，再就其中出现的疑点、难点等问题进行归纳总结。开始课堂教学时，学生可以将课外预习时发现的问题向教师询问，课堂上重点答疑解惑，在有限的课堂时间便能发挥出最关键的释疑作用，从而大幅提升教学的针对性和有效性。而在课后复习时，学生又可以结合视频课件进行巩固，并通过视频课件上附带的测试题目进行自检自测，从而实现预习和课堂学习内容的内化与固化。

利用翻转课堂迁移基础学习内容能够形成一人一策的个性化教学模式，学生在自学过程中发现自身缺陷和不足加以修正和弥补，且能不限次数地回看并复习，同时结合线上测试等方式逐步摸索一条最有效率、最能被接受和认同的规律与习惯，从而发展成主动探究

式学习，而这恰恰是形成教育针对性的核心与重点。

（二）提升学习自主性，培养终身学习意识

汉语言文学的人文性和自然文的历史和厚重的文化积淀，这些与时间相关的内在特点决定了这一专业的学习将伴随学习者终生，如同美酒愈陈愈香。因此，新形势下汉语言文学教学构建翻转课堂还需要分组合作提升学习自主性，培养终身学习意识和能力。

合作式学习比较适合主题式探究，教师利用视频课件为学生小组布置课后练习，采取多选主题形式，由学生小组自行商议并选择，再由学生小组内成员自行安排分工，最后呈交学习报告或小组论文。

分组合作的学习方式不仅有助于学生提高主动学习的积极性，且小组合作过程也是学生练习口头表达与文字表达的机会。而且，小组合作也有利于学生培养团队精神与合作意识，这对未来的社会生产与工作同样是极大的助益与促进。

（三）优化考核评价体系，丰富考试形式与内容

汉语言文学虽然缺少高度对应的职业或职务，然而各行各业都无法完全脱离这一专业而存在，其对现实职场的间接影响才是这一专业的价值与意义所在。因此，新时期汉语言文学的教学质量应当结合这种趋势特征，优化考核评价体系，丰富考试形式与内容。将汉语言文学的考核与真实职业相关联的考核不仅较一纸试卷更具挑战性，且从根本上避免一些学生希望通过死记硬背蒙混过关的侥幸心理，有助于学生端正学习态度，从理论知识与实践技术两方面严格要求自己。

总而言之，作为全球使用人数最多的语言，汉语拥有数量庞大的人口基数，从而促使汉语言文学成为学习者数量最多、受众基础最为扎实的专业学科之一。翻转课堂能够将大量基础性内容迁移至课外，通过线上自主学习实现更快普及后，有限的课堂时间便可用于答疑解惑并充分提高教学的针对性。"不仅如此，翻转课堂的构建还有助于汉语言文学与其他应用专业实现跨界融合，从而突破传统模式下缺少实用性的局限，这不仅是汉语言文学基于翻转课堂模式优化教学形式的重要途径，也是这一重要人文学科借助现代信息化手段实现转型升级与可持续发展的必由之路"[①]。

---

① 朱圣男. 汉语言文学教学构建翻转课堂的策略分析 [J]. 经济师，2021，（2）：180.

第四节　基于"互联网+"模式的汉语言文学教学

一、基于互联网+模式汉语言文学教学发展机遇

"互联网+"代表着一种新的经济形态，其中"+"的含义非常丰富，其实质就是"互联网+各个传统行业"，教育行业当然包括在内，高校教育如何利用互联网这一平台进行改革也成为当下非常热门的话题之一。互联网+的发展，为高校人才培养提供了难得的发展机遇，它为学生个性化学习提供更为先进的技术支撑和教育资源，是在尊重教育本质特性的基础上，利用互联网思维及行为模式重塑教育教学模式、内容、工具和方法的过程。在这一过程中，互联网与教育的深度融合，可以为传统教育在教学模式、教学内容、课程体系、教学方法、课程考核与评价等方面提供更多的改革契机，为学生提供"量身定做"丰富多样的个性化学习，这种个性化学习倡导以学生为中心，通过互动体验的教学方式，实现学生课内课外的深度学习，势必会引发一系列的教学改革。

然而，各个高校尤其是地方高校汉语言文学专业都有着一套较为成熟的教学体系，这套教学体系表现在：教育教学过程多限于课堂之内，教学模式大多呈现为教学知识对学生的单向传递，教学方法也过于传统。随着时代的发展，这套教学体系表现出教学内容偏文学化、教学手段过于单一化、人才培养目标脱离社会需求化的问题，这些问题的存在究其根本是因为学生缺乏创新精神、创新思维以及创业能力，汉语言文学专业的人才培养模式已经不能适应新形势下社会对人才的需求。

因此，当今时代背景下，汉语言文学专业需要转变教育思想观念，注重培养学生的创业意识、创业精神，传授创业知识，提升创业能力，建立相应的创业教育师资队伍、课程体系，营造创业教育的氛围，培养经济社会需要的创新创业型人才。

二、基于互联网+模式汉语言文学教学模式的改革

面对当下互联网+模式的新时代背景，汉语言文学专业面临一系列的教育教学改革。一系列改革要求对学生的培养从原来的"一专"培养转向"多能"培养，从过去的精英化教育转向大众化教育，根本目的是为了培养学生的实践创新意识和创业能力，适应当下经济社会发展的时代需求，基于互联网+模式汉语言文学教学模式的改革主要包含以下方面：

（一）转变教学理念

互联网+模式的高速发展，让教育从封闭走向开放，网络在线教育资源的出现打破了过去教师对知识的垄断，从时间和空间上改变了传统的教育教学模式，这一发展给高等教育提出了新的挑战，要求教师的教与学生的学都要紧跟互联网的发展速度，在教学形式上要充分利用网络，在教学内容上要充分利用在线资源。互联网的普遍应用特别是大数据、云计算和移动互联等技术的发展，正深刻地改变着教育的面貌，推动教育向数字化、网络化和智能化方向发展。教育者应充分认识到"互联网+"带来的不仅是教育技术的革新，更是对专业学习、教师教学、教学组织模式的冲击以及由此给教育理念带来的深层次影响。时代的发展要求高等教育者必须积极拓宽自身的视野，不断与时俱进，尤其是汉语言文学这样的传统专业，更需要转变教学理念，跟上时代前进的步伐。

教学理念的更新与转变，要求汉语言文学专业的教师要做到：①适应"互联网+教育"时代"以学生为中心"的思维方式，构建"以学习者为中心"的教育理念；②调整自身定位，从原来的传道授业者转变成学生的学习伙伴和引导者，充分利用互联网资源，积极构建网络平台，更新教学内容；③改变过去以教师为主导的"注入式"教学模式，逐步建立起适合学生自主学习的课程资源与教学资源；④改变过去单一的评价模式，逐步建立起实时跟踪的网络评价体系等。教学理念的更新是要改变教育者和学习者的思维方式，快速适应互联网+模式给教育教学的各环节带来的深刻改变，用一个全新的理念适应这个开放创新的教育生态环境。

（二）优化教学方法

互联网+模式改变了过去传统的以教师为中心的授课模式，教师不再是知识的唯一来源，学生对教师授课的依赖性明显减弱。与之相适应，教师的作用要从教学的主导者变成学生学习的辅助者、服务者，教学要更加注重网络资源的充分利用，主要包含以下方面：

第一，教学方法由传统课堂教学向互动对话的翻转课堂转变。翻转课堂的出现改变了教与学的传统模式，使教师面临教学策略和教学技能方面的挑战。如何科学合理地利用网络改进教学方法，既能充分调动学生的积极参与，又能及时检查学生的知识掌握情况并给予反馈；既能不干预学生的选择，又能促进学生的自主学习等，这些都是对教师教学能力的新考验。

第二，教学手段要充分利用慕课等网络资源。在互联网+模式的背景下，教育资源随着网络技术的飞速发展都跨越了时空的限制，学生通过电子产品便可以获得丰富便捷的网络课程。教师要努力探索新型的教育服务供给方式，把课堂教育资源与网络教育资源相结合，努力推动专业教育线上课程资源共享活动的开展，加快专业教育新模式的变革。如今，慕课、虚拟教室等各种网络教育资源及平台应运而生，汉语言文学专业教师的教学不能只停留在传统的课堂教学，而是要满足学生对网络学习资源的需求，适应时代发展的需要。如何将这些网上资源合理的充分地引入汉语言文学专业，调动学生的积极性和主动性，教师对网络的运用能力要尽快跟上网络技术的发展。

第三，教师要注重网络新课程的开发和创造。教师除了充分利用网上教学资源外，还要充分发掘本专业的网络新课程，积极开发适合本专业发展的优势网络精品视频课。汉语言文学专业的教师要充分开发人文类的通识教育课，作为一种有益于培养学生创新精神、发展学生创造性和创新能力的教育模式。一方面，教师可以将这些人文素质类的慕课课程开发为通识教育课；另一方面，教师要引导学生对这些人文素质类的慕课内容进行线下阅读。因为这些人文素质类的慕课是以文学、历史、哲学等人文课程为主要教学内容，以经典阅读为核心，如《周易》《论语》《孟子》《老子》《庄子》《诗经》《楚辞》等；或是文化类课程，如《中华民族精神概论》《中华传统文化》《西方文明史》等。教师将这一类人文素质慕课作为通识课程，引导学生加强经典阅读，通过观看相关的慕课视频，不仅可以扩大学生的知识面，还可以因材施教，增加学生的学习兴趣。

（三）改进课程结构

"互联网+"的时代背景下，经济社会对人才质量的要求越来越高。汉语言文学专业为了能适应社会发展的需求，不断提高学生的写作能力、沟通能力和综合实践能力等，应对本专业的课程结构进行优化整合。目前从社会对本专业人才需求状况而言，新闻媒体、广告设计、文职公关等这些人才的需求较大。汉语言文学专业的人才培养规格也要根据社会岗位对人才需求的变化加以调整，使学生将知识转化为能力，满足社会岗位对人才质量的要求。

汉语言文学专业的课程设置要以服务人才培养为核心，除了"文学概论""写作""中国现当代文学""中国古代文学""外国文学""语言学概论""现代汉语"等理论基础课外，还应增设提高学生实践应用能力的特色课程，如汉语言文学、汉语国际教育、新闻学、广播电视编导等本科专业，根据人才培养的需求，要善于整合利用各专业的优势和特色作为支撑，探索专业之间的相互融合，构建各个专业相互依托的大文科平台，以提升学生就业竞争力强的人才培养模式。

汉语言文学专业要充分利用现有的专业和实践教学平台的支撑，培养具备一定的新闻传媒、文化传播与策划、公文办公这三类能力的学生，并以这三类能力为基础，构建相应的课程模块，优化课程结构体系。例如，培养学生的公文办公能力，可以增设文秘方向，开设与之相关的"行政管理""档案管理""公文写作""秘书学""秘书技能""人际沟通"等课程，提高学生的公务处理、人际沟通和协调能力，以及适应现代化办公的能力；培养学生的新闻传媒能力，可增设新闻传播方向，开设"新闻写作""新闻编辑""摄影摄像""公关关系学""播音与主持"等方向的课程，提高学生的采、编、摄、播、网络运用等能力；培养学生的文化传播与策划能力，可以增设文化传播方向，开设与之适应的"语言与文化""汉字文化""文化创意""文化策划""中国传统文化""跨文化交际""西方文化"等，培养学生的文化创意、文化活动策划、文化组织等能力。只有不断提高学生的"一专多能"的应用能力，才能不断为地方社会经济的发展培养具有创新创业能力的复合应用型人才。

（四）更新评价方式

互联网+模式拥有最为先进的云计算和大数据，教师可以通过互联网，利用现代信息技术、人工智能技术等科技手段，记录每个学习者的学习行为、学习过程等，生成大数据，分析他们的学习情况，进行因材施教，从而实现互联网时代教育的"量身定制"。互联网+模式改变了过去传统的教学评价与考核方式，教师可以根据借助在线评价与交互技术，调控自己的教学行为，从而建立起教与学互相促进的动态评价机制。评价将从课堂教学之后的滞后性评价走向在线实时评价，及时更新师生之间的信息沟通，拓宽教学评价的范围，提升评价的时效性，从而灵动地支撑师生的教与学的发展。互联网+模式带来的评价体系的变化表现在以下方面：

第一，评价内容丰富及时。传统教育评价模式往往比教学内容滞后，而互联网能伴随教学内容实时更新，克服传统教育评价模式的单一化、片段化问题。教师可以利用互联网+模式的在线教育学习平台采集学生访问的次数、观看视频的时间、完成课程作业和参与讨论环节情况等数据来统计出学生学习、思考和实践的过程，使得教学评价的结果更加客观全面。在线评价不但可以全过程、全方位采集教育数据，而且可以收集考试成绩之外的情感因素、心理倾向、实践能力等非结构化数据，从而支持综合性、系统化的评价，使教育评价的内涵和功能得到拓展。

第二，评价方式双向便捷。通过互联网平台，师生之间可以相互评价，学校和家长也可以通过互联网了解教师评价教学活动和学生的学习绩效。在互联网+模式的时代背景下，人人都是评价的主体，人人也是评价的对象，教师教学和学生学习的过程性评价就能真正得以实现。"为了适应新时代发展的需要，汉语言文学专业必须经过一系列的教育教学改革，转变过去的单一型的中文专才、知识型人才的培养，充分运用互联网技术，培养人文素养扎实、多学科兼备的多能复合型人才培养，满足经济社会对创新创业人才的需求"①。

三、互联网+模式汉语言文学教学改革实践

互联网+模式提高了高校培养应用型人才的标准，应用型人才的培养应更加注重经济社会的需求性、跨专业的复合性和创业能力的可塑性，这也给高校人才培养的实践教学质量提出了更高的要求。汉语言文学教学改革的构想具体表现在以下方面：

（一）依托互联网+模式完善实践教学运行机制

结合汉语言文学专业的特点，依托互联网+模式构建科学、完善创新创业实践教学体系，将校内实践、校外实践以及综合实践相结合，主要包含以下方面：

第一，校内实践是指在互联网+模式中拓展学生在线实践学习的空间，增加网络实践项目，利用社交网站全面展示汉语言文学的专业特长，鼓励学生进行作品创作、开展文学评论，学习沟通技巧等；利用互联网+模式的信息平台，帮助学生组建校内创新创业团队，教师指导学生开展相互合作，以项目的形式开展各种创新创业活动，不断提升学生的团队创新能力和沟通协作能力。

第二，校外实践就是利用互联网平台搭建符合汉语言文学专业的实践基地建设。互联网+模式下，汉语言文学专业迫切需要转变意识，激励有合作意愿的各级各类学校、新闻媒体、公司企业和政府机关共同参与到实践基地建设中，协调专业教师完成学生实习实践的顶层设计，搭建更加开放的面向社会参与的校外实践基地。汉语言文学专业的校外实践基地包括学校、企业、报社以及政府机关等，为以后从事教育、新闻、文秘管理职业的学生提供实践实训平台，提高学生的创新精神和实践能力，培养学生综合素养。

第三，综合实践就是将校内实践与校外实践相结合，强化实践学习的实际性。毕业论文是学生对专业学习和实践学习的总结，互联网+模式下，需要不断改革本科汉语言文学专业毕业论文的考核方式。教师引导学生在实习中发现现实问题，指导学生利用网络资源策划创新创业项目、参与各项社会实践活动、完成市场调查报告等，这些成果在一定程度上可视为汉语言专业毕业论文或设计，或是在论文成绩评定中占有一定比例。

---

① 王丹荣."互联网+教育"背景下汉语言文学专业创新创业教学模式的探索［J］.梧州学院学报，2018，28（5）：79.

总而言之，只有不断完善互联网+模式下的专业实践教学运行机制，结合汉语言文学专业的特点，鼓励学生多关注社会现实问题，从实践中获得创新意识和创业能力。

（二）依托互联网+模式改进教学管理手段

"互联网+"的出现，可以帮助高校不断改进实践教学的管理手段，对实践教学管理的提高带来了深刻影响。互联网+模式下，对于顶岗实习和毕业实习环节，可以利用互联网，突破时间和空间限制，促使学校、企业形成双元培养责任主体。一方面，实习单位可以按需要推介岗位、学校按能力审核岗位、实习单位和学生在双向选择的基础上清晰各自的职责、构成有序的互动、形成有效的管理；另一方面，学校借助网络平台实现学校教务处、院级教学管理者，以及专业指导教师对各类实习实践教学环节和过程进行实时跟踪管理评价；可以利用智能 App 实现校外实践活动的管理；利用校园网对实践教学成果进行展示宣传扩大影响力，有效提高学生学习实习实践自觉性、教师实践指导的有效性。既促使实习、毕业设计、就业的一体化，也能够提高学生实习的满意度。在互联网+模式下的实践教学手段的改革必将更加方便、更为科学，效率也更高，有利于提高应用型人才的培养质量。

互联网+模式将网络的优势与实践教学管理手段相结合，实现线上线下的有机融合，做到对学生的实习实践行为进行实时跟踪，实时反馈，从而指导教学改革。与此同时，管理者基于大数据的学习分析，充分了解学生在外实习实践的动态过程，进行实践行为的及时监管，为学生提供有效的实习实践管理服务。

（三）依托互联网+模式整合实践教学的内容

结合汉语言文学专业的特点，依托互联网平台，不断整合汉语言文学专业的实践教学内容。一方面，要注重数字化教学环境的搭建，积极鼓励老师开设网络精品在线课程，增进网上教学互动、引导学生完成高质量的实训项目，利用微课堂形式开展第二课堂活动，将"专业技能大赛""新闻写作""演讲朗诵""摄影摄像""文化创意"等与学生紧密联系的活动整合到信息平台上来；另一方面，调整实践教学内容的重点，结合社会对本专业人才真正需求点，促进实践教学内容不断整合，使用社交网站全面展示专业特长、作品、文学评论，开阔视野，学习沟通技巧。

互联网与教育领域的结合不仅给汉语言文学专业的实践教学模式改革带来了新的挑战和要求，也带来了新的发展机遇。在互联网+模式下，实践教学建设必将走向信息化、网络化和多元化的道路，教师需要不断加强对实践教学的重视。只有这样，学生的创新创业

能力才会不断得到加强。

　　总而言之，互联网+模式下的科技发展日新月异，为汉语言文学专业的教学改革带来了一系列新的机遇和挑战。汉语言文学教师要充分把握互联网+模式提供的机遇，克服困难，不断改革教学模式，创新教学方法，更新教学理念，努力做到理论联系实际，培养学生的创新创业能力，使得互联网+模式真正融入汉语言文学专业建设中。

参考文献

［1］刘珊珊. 汉语言文学与大学生人文素质教育的关系解析［J］. 科技资讯，2019，17（31）：230.

［2］李梅兰. 高校汉语言文学中口语教学内容的改革探析［J］. 江西电力职业技术学院学报，2019，32（12）：68.

［3］王丹荣."互联网+教育"背景下汉语言文学专业创新创业教学模式的探索［J］. 梧州学院学报，2018，28（5）：79.

［4］李佩航. 新时期高校汉语言文学教学的创新实践［J］. 中国多媒体与网络教学学报（上旬刊），2023，（6）：205-208.

［5］卫燕红. 汉语言文学下的古今诗歌探析［J］. 对联，2022，28（10）：23-25.

［6］次旺扎西. 汉语言文学中的散文赏析研究［J］. 散文百家（理论），2022，（4）：154-156.

［7］蔡聃. 汉语言文学中的散文赏析探讨［J］. 散文百家（理论），2022，（2）：153-155+158.

［8］王仁芬. 基于汉语言文学的古今诗歌鉴赏［J］. 时代报告（奔流），2022，（1）：4-6.

［9］朱圣男. 汉语言文学教学构建翻转课堂的策略分析［J］. 经济师，2021，（2）：180.

［10］李桦，姚国建. 汉语言文学专业写作实践教学改革的思考与探索［J］. 淮北职业技术学院学报，2020，19（1）：29-34.

［11］胡冬智. 汉语言文学专业写作类课程教学改革探讨［J］. 教书育人（高教论坛），2019，（12）：79.

［12］卢越阳. 汉语言文学中的小说鉴赏探究［J］. 散文百家，2018，（3）：76.

［13］李广宽. 汉语言文学发展中传统文化的渗透［J］. 山西财经大学学报，2022，44（S2）：236.

［14］马君. 互联网环境下的高校汉语言文学教学策略分析［J］. 汉字文化，2022，（11）：43.

［15］张波. 新媒体环境下高校汉语言文学教学创新策略［J］. 吉林省教育学院学报，

2023，39（3）：99-103.

[16] 李芹. 探析汉语言文学教学方式创新［J］. 青春岁月，2018，（7）：147.

[17] 李彦华，王娜. 中国古代文学教学中传承中华优秀传统文化策略研究［J］. 辽宁师专学报（社会科学版），2023，（3）：55.

[18] 华敏. 高校现代文学课教学面临的挑战与应对策略［J］. 佳木斯职业学院学报，2022，38（10）：73.

[19] 陈艳红. 汉语言文学教学中培养学生写作能力的措施分析［J］. 作家天地，2021，（27）：118.

[20] 孔庆蓓. 汉语言教学测量与评估［M］. 北京：旅游教育出版社，2020.

[21] 乔蕙. 互联网时代的汉语言文学教学重构：文化价值与评价［J］. 商业文化，2022，（3）：133.

[22] 吴燕侠. 语言学理论实用教程［M］. 成都：西南交通大学出版社：2020.

[23] 潘伟斌，何林英，刘静，等. 现代汉语言文学研究的多维视角探索［M］. 长春：吉林大学出版社：2019.

[24] 张春雷. 论汉语言文学中的句法［J］. 科技资讯，2018，16（28）：153.

[25] 林小燕. 高校汉语言文学教学中传承中华优秀传统文化的策略研究［J］. 教师，2023，（8）：120-122.

[26] 罗义华. 汉语言文学教学中审美教育的实施路径探究［J］. 湖北开放职业学院学报，2023，36（4）：179-181.

[27] 张百瑶. 中国传统文化视域下的汉语言文学教学的改革创新［J］. 成才，2023，（3）：110-111.

[28] 王绍芬. 人文素质教育视角下汉语言文学教学研究［J］. 淮南职业技术学院学报，2022，22（6）：78-80.

[29] 杨丽. 高校汉语言文学教学弘扬中华优秀传统文化的策略［J］. 湖南人文科技学院学报，2022，39（6）：93-97.

[30] 帅青. 汉语言文学教学中的审美教育探析［J］. 山西青年，2022，（19）：93-95.

[31] 佘丽娜. 多媒体辅助汉语言文学教学的思考分析［J］. 中国新通信，2022，24（18）：170-172.

[32] 范祺玮，赵东方. 现代教育技术对汉语言文学教学的影响研究［J］. 产业与科技论坛，2022，21（18）：109-110.

[33] 李永贵. 汉语言文学教学中提高学生人文素质教育的探讨［J］. 试题与研究，2022，

（21）：82-83.

[34] 张燕. 微课在汉语言文学教学中的应用分析 [J]. 创新创业理论研究与实践，2022，5（7）：166-168.

[35] 马萧萧. 高校汉语言文学教学策略研究 [J]. 科普，2022，（9）：106-108.

[36] 吴佳佳. 高校汉语言文学教学弘扬中华传统文化的策略 [J]. 哈尔滨职业技术学院学报，2022，（1）：40-42.

[37] 吕惠敏. 新时期高校汉语言文学教学面临的问题及对策探究 [J]. 作家天地，2022，（2）：104-106.

[38] 刘喜娟. 新媒体视角下汉语言文学教学改革探究 [J]. 作家天地，2021，（27）：31-32.

[39] 匡健秀. 高校汉语言文学教学策略探索 [J]. 产业与科技论坛，2021，20（18）：126-127.

[40] 柯凯. 互联网环境下高校汉语言文学教学策略探讨 [J]. 黑龙江科学，2021，12（17）：132-133.